내 세상의 빛, 송하에게

지난 이야기

 진과 윤경, 두 사람에게 수학 메이즈 초대장이 도착한다. 하지만 메이즈에 참가하려면 세 명 이상의 팀원이 있어야 한다는 조건이 붙는다. 수학 플레이어를 하는 것은 우리 둘뿐인데, 왜 이런 제약을 만든 거지? 고민에 빠진 두 사람 앞에 진 박사의 경호원 리드가 나타난다. 리드는 이번 수학 메이즈가 진과 윤경이를 대신할 우수한 인재를 가려내기 위한 시합이라는 사실을 털어 놓는다. 알고 보니 네르와 티아가 두 사람을 대체할 아이들을 찾기로 마음을 바꾸었다고. 이미 과거에서 찾고 싶은 사람의 위치를 찾는 방법도 알고, 수학 플레이어를 통해 만나는 방법도 알고, 핵전쟁을 막을 공식도 개발되어 있으니 굳이 진과 윤경이에게만 매달릴 필요가 없다고 판단했다는 게 리드의 설명이었다.

"하지만 저는 진 박사님이 게임을 계속하셨으면 좋겠어요. 이번 메이즈에서도 보란 듯이 우승하시길 바라고요. 필요할 때만 진 박사님을 이용하려는 네르에 생각에 동의할 수 없거든요."

리드의 응원이 고맙기는 하지만, 진과 윤경이는 섭섭한 마음을 감출 수가 없다. 우리를 이렇게 쉽게 대체해 버린다고?

미래의 사람들의 결정과 상관없이, 두 사람은 자신들이 원하는 대로 행동하기로 한다. 수학 메이즈에 참여할 방법이 없을지 빈틈을 찾던 두 사람은 신체에 몸이 닿으면 함께 접속되는 버그를 활용해 학교 친구들과 함께 게임에 잠사하기로 한다. 친구들에게는 새로 개발된 가상 현실 게임이라고 말한다. 혹시라도 위험한 상황이 생기면 바로 종료하면 되겠지,라고 생각하면서.

우여곡절 끝에 진, 윤경, 휘경, 강훈, 그리고 미래에서 온 에스까지. 예상치 못한 조합의 팀이 만들어진다. 게임을 잘하는 강훈이와 그림을 잘 그리는 휘경이가 활약하면서 아이들은 수학 플레이어에 즐겁게 몰입한다. 암호를 풀어 방을 탈출하고, 사악한 마법사의 첨탑을 무너뜨리는 미션도 멋지게 해낸다.

"이런 게임이라면 평생 할 수 있을 것 같아!"

이어지는 '케이크 자르기' 미션에서는 다른 팀과 경쟁해야 하는 터라 긴장감이 높아지는데, 갑작스러운 경고음과 함께 다급한 안내 방송이 흘러나온다.

"알립니다. 지금 대규모의 해킹 공격으로 인해 시스템이 불안정한 상태입니다. 게임 참가자들은 즉시 종료를 외치고 게임을 중단하길 바랍니다. 다시 한번 알립니다……."

당황한 아이들은 서둘러 종료를 외치지만 왜인지 아무런 변화도 일어나지 않는다. 다른 팀은 모두 빠져 나가고 메이즈에는 진의 팀만 남는다. 이제 어떡하지? 이대로 게임 속에 영영 갇혀 버리는 걸까?

차 례

006 지난 이야기

011 곡선으로 탈출하기
022 뜻밖의 재회
040 암무트의 테트리스
054 마지막 조각
070 보이지 않았던 수
100 게임 종료
112 자기만의 답을 찾아서

132 작가의 말

"미끄럼틀 같은 건 어때?"

윤경이가 말했다.

"미끄럼틀?"

"그냥 앉아서 내려가면 되니까."

"너무 높아서 위험하지 않을까? 기울기가 급하면 속도가 빨라서 넘어질 테고 완만하면 제대로 안 내려갈 텐데……."

진이 걱정스러운 표정으로 말했다.

멀리서 늑대 짖는 소리가 들려오기 시작했다. 소리가 가까워지는 것을 보니 아이들을 향해 오는 것이 틀림없었다. 마음은 급하기만 한데, 좋은 방법이 떠오르지 않았다. 진은 입술을 깨물었다. 제발, 머리야. 뭐든 방법을 생각해 내자.

이때 에스가 갑자기 좋은 생각이 난 듯 크게 소리쳤다.

"아! 사이클로이드면 돼!"

깜짝 놀란 진이 되물었다.

"응? 뭐라고?"

"급하니까 자세한 설명을 나중에 하고, 휘경아! 너 수영장에서 본 미끄럼틀 기억나? 아래쪽이 좀 길고 약간 움푹한 형태로

둥그렇게 휘어진."

"어? 어."

"그렇게 생긴 미끄럼틀을 그려 줘. 여기서 바닥에 닿을 수 있게, 10m 정도의 미끄럼틀이 절벽에서 저쪽 바닥까지 연결되어 있다고 상상하면서 말이야. 각자 한 칸씩 타고 내려갈 수 있도록 다섯 줄이 있어야 해."

"알았어."

휘경이가 그림을 그리기 시작했다. 긴장한 듯 굳은 표정이었지만, 빠른 손놀림으로 완성해 나갔다.

"그런데 왜 다섯 줄이야? 그냥 하나로 해서 빨리빨리 내려가는 게 낫지 않아?"

진이 에스에게 물었다.

"사이클로이드는 순차적으로 출발해도 마지막 지점에 모두 동시에 도착해. 우리가 한 줄로 서서 차례로 내려가도 바닥쯤 가면 서로 부딪쳐서 다칠 수 있으니까 다섯 줄이 더 안전해."

에스가 설명하는 사이 휘경이는 그림을 완성했다. 3D 스케치 패드의 빨간 버튼을 누르자 미끄럼틀이 설치되었다.

"다 됐어!"

휘경이가 외쳤다.

"가자!"

아이들은 각자 한 칸씩 자리 잡고 미끄럼틀을 타고 내려갔다.

"으아아아!"

생각보다 빠른 속도에 놀란 아이들이 소리를 질렀다. 다행히 모두 안전하게 미끄럼틀 끝에 다다랐다.

"세이프!"

놀란 아이들과 달리 홀로 신난 강훈이가 소리쳤다.

"휴."

진은 무사한 친구들을 바라보며 안도의 한숨을 내쉬었다.

"휘경아. 미끄럼틀 끝에 아주 큰 벽 하나만 그려 줘. 혹시라도 늑대들이 미끄럼틀을 타고 내려오면 부딪힐 수 있게."

에스가 휘경이에게 말했다.

"응, 알았어."

휘경이가 그림을 그리는 모습을 지켜보던 강훈이가 진에게 물었다.

"그냥 요새 같은 거 하나 그려서 들어가 있으면 어떨까?"

진이 고개를 내저었다.

"그런 걸 어느 세월에 만들어. 우리가 만든 건물을 적들이 뚫고 들어올 수 있는지 없는지 알 수도 없고."

"그럼 어떻게 해?"

"일단 계속 움직이자. 한 공간에 서 있는 것보다 그게 안전할 거야. 아까도 동굴에 들어가 앉아 있으니 쉽게 위치가 노출된 것 같아."

강훈이는 동의한다는 듯 고개를 끄덕였다.

"다 그렸어!"

휘경이가 소리쳤다.

컹컹컹컹!

절벽 위에서 늑대 짖는 소리가 들려왔다. 잠시 절벽 위에서 왔다 갔다 하던 늑대들은 아래쪽에 아이들이 있는 것을 확인했는지 미끄럼틀 위로 뛰어 내려오기 시작했다.

"으악! 우리 쪽으로 오는 거 아냐?"

늑대가 내려오기 시작하자 강훈이가 소리를 질렀다.

"아니, 너무 빨라서 방향을 바꾸기 힘들 거야! 어서 도망가!"

아이들이 뛰기 시작했다. 미끄럼틀 위의 늑대들은 속도를 이기지 못하고 넘어지더니 뒤엉켜 구르기 시작했다. 굴러 내려오던 늑대들이 벽에 연달아 부딪혔다.

사이클로이드

사이클로이드(cycloid)는 바퀴라는 의미의 고대 그리스어 'kuklos'에서 유래한 말이다. 회전하는 바퀴 위의 한 점이 움직이는 모습을 나타낸 곡선을 뜻한다. 예를 들어, 아래 그림과 같이 원의 둘레 위 어딘가에 점 하나를 표시한 후 이 원을 직선 위에서 굴렸을 때, 둘레 위의 점이 그리는 붉은색 선이 사이클로이드이다.

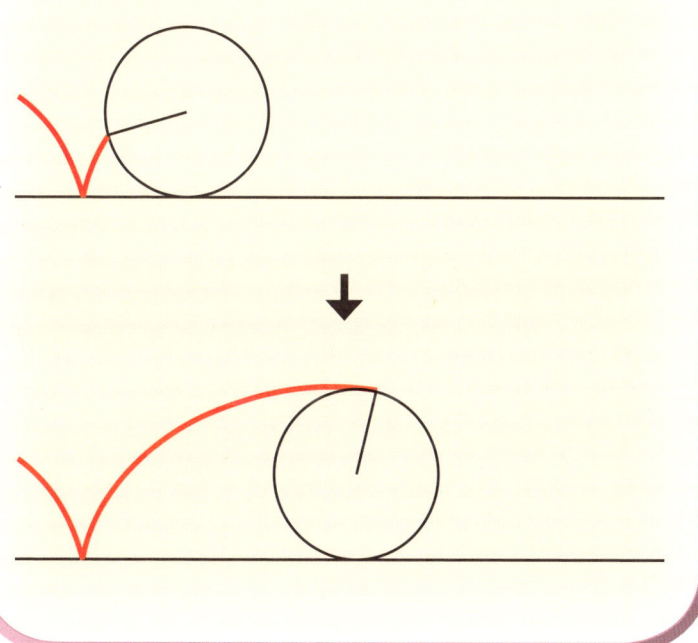

수학 노트

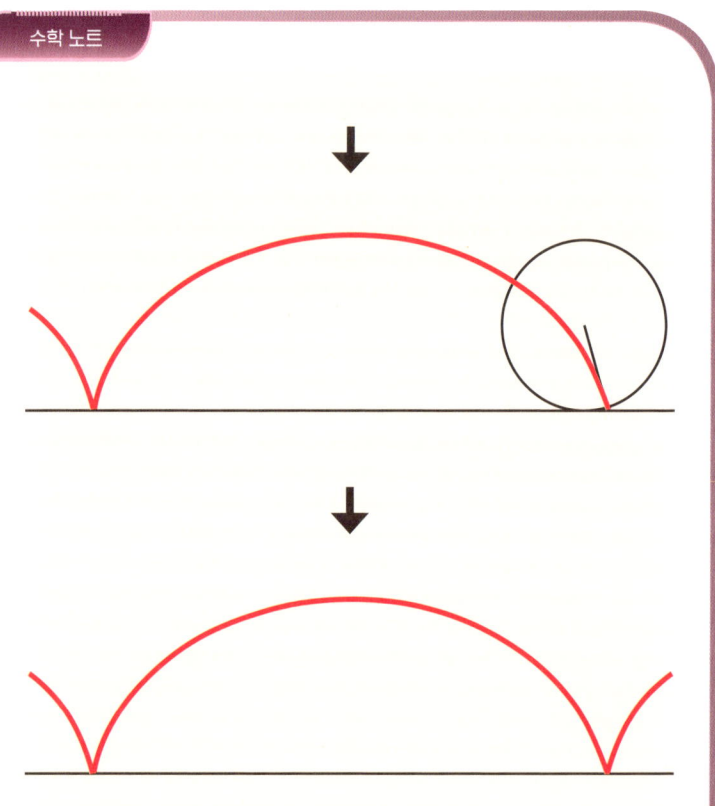

　사이클로이드는 물건이 가장 빠르게 굴러떨어지도록 하는 곡선이다. 사이클로이드라는 이름을 붙인 것은 갈릴레오 갈릴레이지만, 직선보다 사이클로이드 곡선을 따라 물건이 굴러떨어질 때 더 빨리 떨어진다는 사실은 아이작 뉴턴이 수학적으로 증명한 바 있다.

수학 노트

놀이공원의 롤러코스터, 수영장에서 흔히 볼 수 있는 워터슬라이드 역시 더 빠른 속도를 위해 사이클로이드를 활용한다. 그런데 워터슬라이드를 탈 때 안전 요원이 출발을 엄격하게 통제하는 것을 확인할 수 있다. 앞서 출발한 이용자가 완전히 도착한 다음 이용하도록 하는데 이는 사이클로이드의 특이한 성질 때문이다. 사이클로이드의 어느 지점에서 출발해도 가장 낮은 위치까지 도달하는 데 걸리는 시간이 모두 똑같다. 예를 들어, 워터슬라이드의 가장 높은 곳에서 출발하나, 중간에서 내려가나 마지막에는 동시에 도착한다. 이 때문에 사이클로이드 곡선을 '동시 강하 곡선' 또는 '등시 곡선'이라고 부르기도 한다.

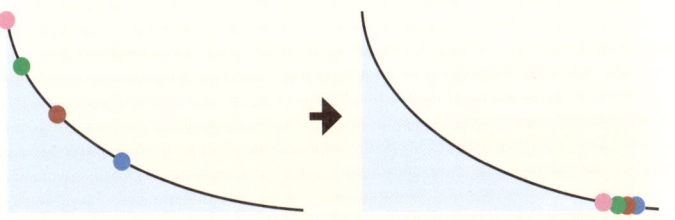

사이클로이드 곡선 위에 4개의 구슬을 각각 다른 위치에 놓아도 마지막 지점에 모두 동시에 도착한다.

뜻밖의 재회

아이들은 어디로 향하는지 알 수 없는 길을 따라 한참을 걸었다.

"이제 슬슬 지겨워지려고 하네. 심지어 늑대가 다 보고 싶다니까. 이거 언제 끝나?"

강훈이가 투덜거렸다.

"조금만 더 버텨 보자. 우리가 아직 접속해 있다는 걸 알면 네르나 티아가 찾아올 거야."

진이 차분하게 말했다.

"그런데 말이야, 강훈이랑 휘경이가 스티커를 사용할 수 없다는 건 게임에서 두 사람을 제대로 인식하지 못하고 있다는 뜻이겠지?"

진이 윤경이에게 물었다.

"그렇지. 너랑 내 IP주소로 함께 들어온 거니까. 두 사람은 IP가 부여되지 않았을 거야. 적들은 우리만 추적하고 있을 거고."

윤경이는 대수롭지 않다는 듯이 대답했다. 잠시 생각에 빠진 듯 조용하던 진이 심각한 목소리로 말했다.

"그렇다면…… 우리랑 떨어져 있는 게 두 사람에게 더 안전하지 않을까?"

진의 말에 휘경이와 강훈이가 놀란 표정으로 뒤를 돌아보았다. 윤경이도 생각에 잠긴 듯 잠시 말이 없었다.

"그럴지도. 어차피 늑대들의 타깃은 너랑 나니까."

윤경이의 말에 휘경이의 눈동자가 흔들렸다. 진이 휘경이와 강훈이를 향해 차분하게 말했다.

"우리랑 있으면 오히려 너희들이 더 위험할 것 같아. 잠깐 떨어져 있는 게 어때?"

휘경이가 진의 소맷귀를 잡으며 말했다.

"싫어, 같이 있을래. 무서워."

"이 상황에서 따로 움직이는 건 좀 그런데."

강훈이도 울상인 표정으로 거들었다. 진은 의견을 묻는 듯 윤경이를 쳐다보았다.

"그래. 일단 위험한 상황이 벌어지면 휘경이와 강훈이 먼저 우리와 떨어진 곳에 숨기로 하고 그때까지는 같이 움직이자. 지금 상황에 둘만 따로 두는 것도 무리야."

윤경이가 침착하게 말했다.

"음…… 알았어."

진은 마지못해 대답했다.

아이들은 또다시 한참을 걸었다. 어느새 아이들은 모래밭을 지나고 있었다. 오래 걸어서 그런 것인지, 아니면 높아진 기온 때문인지 이마에는 송골송골 땀이 맺히기 시작했다.

"와, 저거 좀 봐. 피라미드인가? 가상 공간이라 그런지 하얗게 빛나는 게 멋있네."

강훈이가 가리킨 곳에는 이집트 피라미드처럼 생긴 건물이 있었다.

"원래 고대 이집트의 피라미드는 하얀색이었대. 하얀 석회암으로 둘러싸여 있었는데 후세에 지도자들이 다른 건물들을 짓기 위해 석회암을 다 뜯어 가 버려서 지금처럼 황갈색이 되었다나 봐."

윤경이가 심드렁하게 말했다.

"멋진데? 가까이 가 보자!"

강훈이가 휘파람을 불며 피라미드 쪽으로 달려갔다.

"괜히 아무거나 건드리지 말고, 너무 가까이 가지도 마. 아직도 게임하는 걸로 착각하는 거 아니지?"

윤경이가 싸늘한 목소리로 이야기했지만 강훈이는 들은 척도 하지 않았다.

이미 멀찌감치 떨어진 깅훈이에게 에스가 크게 소리쳤다.

"윤경이 말이 맞아. 미션을 작동시키면 적들이 분명 그 신호를 알아차릴 거야. 지금 메이즈 속에 우리밖에 없으니 우리 위치를 금방 눈치챌 거라고."

"알았어. 알았다고."

계속되는 잔소리에 강훈이가 귀를 막는 시늉을 하며 투덜거렸다. 강훈이는 피라미드에 닿지 않도록 조심하며 건물 주위를 살펴보았다. 그리고 곧 휘둥그레진 눈으로 아이들을 불렀다.

"애들아! 이리 와 봐! 피라미드 앞에 누가 쓰러져 있어!"

"뭐라고?"

놀란 아이들이 달려갔다. 그곳에는 작은 체구의 남자아이가 정신을 잃고 엎드려 있었다.

"누구지? 이 아이도 게임 종료를 못 했나?"

에스가 말했다.

"일단 조금 살펴보자."

진이 아이의 곁으로 다가가려 하자 에스가 진의 팔을 잡으며 만류했다.

"안 돼, 건드리지 마. 누군지 모르겠지만 뭔가 수상해."

"뭐?"

진이 당황한 얼굴로 에스를 바라보았다.

"자칫 미션이라도 작동시키면 큰 낭패야. 그대로 두자. 만약에 우리처럼 게임 종료를 못 한 참가자라면 나와 같은 세상에서 접속했을 테니 게임이 끝나면 자연스럽게 원래 세계로 돌아갈 거야."

 논리적으로는 에스의 말이 맞았다. 하지만 진은 숨을 쉬고 있는지 알 수조차 없는, 축 늘어진 아이의 모습을 왠지 외면할 수 없었다. 의식을 잃고 죽어 가던 윤경이가 떠올랐기 때문이다. 진은 에스의 손을 뿌리쳤다.

"안 되겠어. 그래도 확인해 봐야겠어."

 아이에게 다가간 진은 화들짝 놀란 목소리로 소리쳤다.

"윤경아! 이 아이! 지난번에 우리가 만난 애 같은데?"

 아이의 얼굴을 본 윤경이의 얼굴에도 당황함이 서렸다.

"맞아. 상준이야. 상준이가 왜 여기 있지?"

 확실하다. 지난번 운동장에서 만났던 상준이다. 지렁이를 바라보며 운명을 이야기하던 꼬마.

"야, 정신 차려 봐! 왜 네가 여기 있어!"

"음…… 으음……."

 진의 목소리에 상준이가 점점 의식을 차렸다. 진이 다시 소리쳤다.

"괜찮아? 나 알겠어?"

아이가 눈을 뜨려는 찰나, 아이들의 머리 위로 미션을 알리는 파란 창이 떴다.

> 이집트의 왕 투탕카멘이 잠들어 있는 피라미드에 도착했습니다. 왕의 죽음의 비밀을 밝혀 축복을 받으시겠습니까? 우정을 증명하는 팀만이 투탕카멘의 인정을 받을 수 있습니다.
>
> [수락] [거절]

에스가 사색이 되어 소리쳤다.

"이런, 미션이 작동해 버렸어! 곧 우리 위치가 발각될 거야."

그때였다. 기다렸다는 듯이 멀리서 늑대의 울음소리가 들려왔다. 아이들 주변의 공간이 조금 전 동굴에서처럼 일그러지기 시작했다.

"벌써 눈치챘어! 일단 저 피라미드 안으로 들어가자."

에스가 소리쳤다.

"저 안에 늑대들이 가득하면 어떡하려고!"

윤경이가 걱정스러운 표정으로 말했다.

"여기는 너무 뻥 뚫린 공간이라 뛰어서 도망갈 곳이 없어. 그리고 이론적으로 미션이 이루어지는 공간에는 다른 팀이 들어올 수 없어. 케이크 미션이 세 팀 입장이라고 설정되어 있다면 네 번째 팀은 들어올 수 없는 것처럼. 뭔가 방어 시스템이 되어 있을 테니 차라리 저 안에 들어가는 게 더 안전할 것 같아."

에스가 다급한 목소리로 빠르게 말했다.

"상준이를 데리고 빨리 뛰는 것도 무리야. 에스 말대로 해 보자."

진이 아직 정신을 차리지 못한 상준이를 등에 업으며 걱정스럽게 말했다.

"그런데 상준이도 못 들어가는 거 아냐? 상준이는 우리 팀이 아니잖아."

윤경이가 걱정스러운 표정으로 물었다.

"만일 그렇다면 상준이는 여기 놓고 우리라도 들어가야 해. 일단 검은 천사의 목표는 너희 두 사람일 테니까."

에스의 단호한 말에 진의 눈동자가 흔들렸다. 정말 두고 가야 하나? 에스가 얼른 말을 이었다.

"상준이가 다른 팀으로 접속한 게 아니라면 함께 피라미드에 들어갈 수 있을 거야. 휘경이랑 강훈이도 미션에 참가할 수 있었잖아. 물론 저 미션도 해킹이 되어 버렸다면 그건 또 다른 문제겠지만. 아무리 사야프라도 모든 미션을 해킹하지는 못했을 거야. 제발 서둘러. 지금은 선택의 여지가 없어."

에스가 아이들을 설득하는 사이 공간의 일그러짐은 점점 더 커졌다.

"이런, 시간이 없어. 뛰어! 수락! 수락한다고!"

진의 외침에 피라미드의 거대한 문이 열렸다. 아이들은 다급하게 문을 밀고 안으로 들어갔다.

피라미드 안은 너무 어두워 아무것도 보이지 않았다. 아이들이 모두 문 안으로 들어서자 쿵 하는 큰 소리와 함께 문이 닫혔다. 다행히 상준이도 피라미드 안에 들어올 수 있었다.

피라미드 안쪽 벽에 설치되어 있던 횃불이 하나씩 차례로 켜지기 시작했다. 아이들은 그제야 가쁜 숨을 진정시키고 주위를 둘러보았다.

숨을 거칠게 내뱉는 소리에 아이들이 뒤돌아봤다. 진의 등에 업혀 있던 상준이였다. 다행히 큰 부상은 아니었는지 정신을 차렸다. 진이 조심스럽게 상준이를 바닥에 내려놓자 윤경이가 곁으로 다가갔다.

"정신이 좀 들어? 나 알지? 너 어떻게 여기 있는 거야?"

"윤경…… 누나?"

상준이는 윤경이를 알아보고 눈물을 뚝뚝 흘렸다. 윤경이가 상준이를 달래며 침착하게 물었다.

"울지 마, 지금 울 시간 없어. 너 어떻게 여기에 온 거야?"

"흑흑. 나는 수학 플레이어 안 한다고 했는데, 리드 아저씨가 한 번만 해 보고 결정하라고 해서. 해 보지도 않고 어떻게 알겠냐고. 그래서 구경만 하려고 들어왔다가 늑대가 쫓아와서 도망친 것까지는 기억나는데, 그다음에는 잘 모르겠어."

상준이가 울음 섞인 목소리로 말했다.

"리드? 너 리드를 만났어? 네르는?"

깜짝 놀란 진이 물었다.

"그 아저씨도 만났어. 나더러 해커가 되라고 했는데 싫다고,

안 한다고 했어."

"해, 해커라고?"

눈이 휘둥그레진 진과 윤경이가 서로 마주 보았다. 찾지 못했던 마지막 팀원이 상준이였다니! 윤경이가 다시 침착한 목소리로 물었다.

"그런데 왜 수학 플레이어를 안 한다고 한 거야?"

"우리 부모님은 2년 전부터 병원에 계셔. 그게 다 내가 해커가 되어서 미래에 핵전쟁을 막았기 때문이래. 그런데 내가 수학 플레이어를 왜 해? 나는 해커가 되고 싶지 않아. 우리 가족을 이렇게 엉망으로 만들고 싶지 않다고. 미래에 핵전쟁이 일어나든 말든 알 게 뭐야!"

진과 윤경이는 할 말을 잃은 채 서럽게 우는 상준이를 바라보았다. 부모님이 곁에 안 계신 게 검은 천사의 공격 때문이었다니. 진과 윤경이와 달리 상준이에게는 지난 시간 동안 돌봐줄 어른이 없었다. 상준이에게 남은 것은 원망뿐이었다.

어떤 말로도 상준이를 위로할 수는 없을 것 같았다. 진은 그저 가만히 상준이의 어깨에 손을 올렸다.

쿵! 쿵!

갑자기 잠긴 문에 무언가가 세게 달려들어 부딪치는 소리가 들렸다. 아이들의 눈에 불안감이 스쳤다.

에스가 말했다.

"아무래도 늑대들 같아. 보안 시스템 때문에 들어오지 못하니 힘으로 문을 부수려는 것 같은데. 일단 안으로 들어가는 게 좋겠어. 우리 위치가 노출되었으니 해킹도 동시에 이루어지고 있을 거야."

에스의 말에 진과 윤경이가 일어났다. 상준이도 아무 말 없이 일어나 진의 뒤를 따랐다.

두려움에 휩싸인 아이들은 침묵 속에서 걸었다. 작은 문을 지나 복도에 들어서자 양쪽 벽에 그림이 가득 새겨져 있었다. 처음으로 입을 연 사람은 계속되는 늑대들의 공격으로 예민해진 강훈이였다.

"무슨 그림인지 모르겠는데 진짜 못 그렸네. 뭐 이런 걸 그림이라고 그려 놨어?"

짜증이 가득한 강훈이의 말투가 윤경이의 신경을 건드렸다.

강훈이가 지지 않고 대꾸하자 분위기가 심각해졌다. 윤경이는 화난 얼굴로 강훈이를 노려보았다.

말다툼이 이어질 것 같자 휘경이가 윤경이의 팔을 살짝 잡고 물었다.

"윤경아, 그럼 이집트에서는 숫자도 그림으로 나타냈어?"

"어? 어. 그렇지."

엉겁결에 윤경이가 대답했다. 휘경이는 싱긋 웃으며 말을 이었다.

"오, 신기하다. 혹시 이집트 숫자에 대해 설명해 줄 수 있어?"

휘경이 덕분에 강훈이와 윤경이의 다툼이 일단락되었다. 진은 역시 휘경이는 마음도 곱다고 생각했다.

"이집트 사람들은 숫자도 글자와 같이 사물의 모양을 본떠서 만들었어. 말발굽 그림이나 연꽃 그림 같은 것을 숫자로 썼대."

윤경이가 말했다.

"그렇구나, 넌 정말 아는 게 많아. 멋지다."

휘경이의 칭찬에 윤경이는 머쓱한 기분이 들었다. 휘경이와 강훈이는 진과 자신 때문에 수학 메이즈에 갇히게 된 거나 다

름없는데. 강훈이에게 너무 야박하게 굴었나 싶었다. 앞서가던 강훈이가 아무 일도 없었다는 듯 소리쳤다.

"애들아, 여기 문 너머에 방이 있어!"

수학 노트

이집트 숫자

고대 이집트에서는 사물의 모양을 본떠서 만든 글자인 상형문자를 이용해 수를 나타냈다. 이집트의 수 체계는 지금 우리가 사용하고 있는 10진법의 체계와 비슷했다. 하지만 '0'이라는 기호가 없었기 때문에 '10' '100' '1000'마다 새로운 기호를 만들었다.

워낙 오래전 문자라 어떻게 이 숫자들을 만들었는지 정확하게 알 수는 없다. 다만 고고학자들과 수학자들은 각 숫자 모양의 유래를 다음과 같이 설명한다.

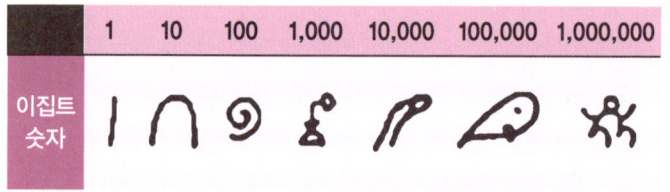

1을 나타내는 숫자는 막대기인데, 이것은 사람들이 자연스럽게 1이라는 단위를 떠올릴 수 있는 기본적인 모양이다. 10을 나타내는 숫자는 말이나 소의 목에 얹는 멍에 또는 말발굽과 비슷하게 생겼다. '10'이라는 숫자의 이집트 발음과 말발굽이라는

수학 노트

단어의 발음이 비슷한 데서 유래한 것으로 추정된다. 100은 묶음을 나타낼 때 사용하는 새끼줄에서 유래했다는 주장이 있다. 1,000은 연꽃의 발음과 유사했다는 주장과 나일강에 수없이 핀 연꽃을 보고 '많다'라는 의미로 사용되었다는 주장이 있다.

10,000은 하늘을 가리키는 비스듬한 손가락 모양이다. 숫자가 만들어지기 전 이집트 사람들이 사용했던 손가락 셈하기 방법의 흔적이다. 100,000은 올챙이의 모습이다. 나일강에는 개구리가 무척 많은데, 올챙이의 수는 당연히 그보다 많았을 터이다. 그러니 아주 많은 수, 큰 수의 의미로 올챙이가 선택된 것으로 추정된다. 1,000,000을 나타내는 숫자는 엄청나게 큰 수에 놀라는 사람의 모습으로 추정된다.

이외에도 수를 나타낸 다양한 상형 문자들이 있는데 지역과 시기에 따라 수를 나타내는 모양이 달랐던 것으로 추측된다.

암무트의 테트리스

 방 안으로 들어가자 넓은 공간이 나타났다. 커다란 단상이 눈에 띄었다. 단상 바로 앞에는 악어의 머리를 가진 동물 석상이 있었다. 휘경이가 에스 옆에 바짝 붙어 서서 말했다.
 "저 돌 엄청 무섭게 생겼다."
 "암무트의 석상이야. 암무트는 고대 이집트 신인데 죄를 지은 사람을 심판하지."
 에스가 대답하는 사이, 강훈이가 단상 위로 냉큼 뛰어 올라갔다.
 "여기 무슨 모니터 같은 게 있어! 앞에 게임기 같은 것도 있는데?"

"일단 손대지 마. 주변을 좀 더 살펴보자."

윤경이가 소리치며 단상 위로 따라 올라갔다. 진도 서둘러 윤경이의 뒤를 따랐다.

"아, 게임하고 싶다. 스트레스 쌓여."

강훈이가 중얼거리자 아이들 앞에 거대한 알림창이 나타났다.

> 심판의 광장에서 우정의 무게가 측정됩니다.
> 여러분의 우정이 여신의 깃털처럼 가볍다면
> 여러분은 암무트의 먹이가 됩니다.
>
> **게임을 시작합니다.**

곧이어 글자가 사라지고, 게임 화면이 창을 가득 채웠다. 화면에 나타난 게임은 테트리스였다.

"고전이네. 미래에서도 이 게임을 한다고? 말은 엄청 무시무시하게 하더니. 고작 테트리스야? 진짜 어이없다."

강훈이는 자연스럽게 게임을 시작했다. 다른 아이들도 잠시 멍하니 화면 속 테트리스를 바라보았다. 휘경이가 옆에 있던 에스에게 작게 물었다.

"근데 테트리스랑 수학이랑 무슨 상관이 있어? 수학 게임이라며. 갑자기 웬 테트리스야?"

"수학에서 크기가 같은 정사각형들을 변이 맞닿게 붙여 만든 평면도형을 폴리오미노라고 하거든. 이어 붙인 정사각형의 개수에 따라 도형의 이름이 결정되는데, 정사각형 4개를 이어 붙인 모양을 테트로미노라고 해. 테트리스는 이 테트로미노 조각을 이용한 게임이야."

"도형을 이용한 게임이라 수학인 건가?"

"밀기, 돌리기 같은 평면도형의 이동도 들어가 있으니 수학적이라고 할 수 있지."

에스와 휘경이가 말하는 사이 테트리스 조각들은 차곡차곡 한 줄로 쌓여 올라갔다. 강훈이가 바쁘게 조종기를 움직여 봤지만 더 이상 내려오는 조각을 움직일 수 없었다. 그러자 화면에 'game fail'이라는 글자가 떴다.

단상이 아닌 바닥에 서 있던 에스가 비명을 질렀다. 깜짝 놀란 아이들이 에스를 바라보았다. 에스의 발이 바닥에서 한 뼘 정도 높이까지 돌로 변해 있었다. 에스는 발을 움직이려 애썼지만, 바닥에 그대로 붙은 것인지 꼼짝도 할 수 없었다. 진과 윤경이가 놀라서 단상에서 내려오려는 찰나, 에스가 소리쳤다.

"움직이지 마!"

움찔한 아이들이 제자리에 멈췄다.

"거기서 내려오면 너희들도 굳을 수 있어. 일단 그대로 있어!"

에스가 외쳤다.

아이들이 놀라 당황한 사이 테트리스 게임은 다시 시작되었다.

"어? 어? 이거 어떡하지?"

긴장한 강훈이가 허둥댔다. 게임은 금방 끝나 버렸다. 그러자 에스의 발은 다시 한 뼘 정도 더 돌로 변해 버렸다. 상준이가 겁에 질린 얼굴로 외쳤다.

"이거 뭐야! 나도 돌로 굳어 버리는 거 아냐? 나 이거 하기 싫다고 했는데!"

"상준아, 진정해. 방법이 있을 거야."

진이 크게 소리쳤다.

"강훈아! 일단 테트리스를 해! 그게 먼저야. 게임에 실패할 때마다 몸이 굳는 거 같아!"

에스가 강훈이에게 말했다.

강훈이는 덜덜 떨리는 손으로 조종기를 붙잡았다. 그러나 너무 긴장한 탓인지 실수를 연발했다. 또다시 게임은 끝났고 에스의 다리는 무릎 아래까지 돌로 변했다. 곁에 서 있던 상준이는 너무 놀란 나머지 다리가 풀려 자리에 주저앉아 버렸다.

진이 강훈이의 떨리는 어깨를 잡으며 말했다.

"할 수 있어. 괜찮아. 이거 게임일 뿐이야."

"응…… 응."

눈앞에서 돌로 변해 가는 에스를 본 강훈이는 큰 충격을 받았다. 강훈이는 집중해서 테트리스 조각들을 지워 나가기 시작했다. 장난스러운 태도와 말투는 찾아볼 수 없었다.

조각들이 지워지는 모습을 보던 윤경이가 에스에게 소리쳤다.

"에스, 조각이 지워져도 다리가 원래대로 돌아오지 않아. 그런데 테트리스는 끝이 없잖아. 계속 나오는 조각들을 지우는 수밖에. 어떻게 해야 네 몸을 원래로 되돌릴 수 있는 거야?"

"조각을 지워도 내 몸이 돌아오지 않는다면 이 피라미드 안에 다른 문제가 더 있는 것 같아. 일단 모든 문제를 해결해서 미션을 클리어하자. 그러면 내 몸도 원래 상태로 돌아갈 테니까."

에스의 대답에 진과 윤경이는 서로 눈을 마주치고 고개를 끄덕였다.

"강훈아, 너는 계속 테트리스를 하고 있어. 우리는 건너편 문 밖으로 나가 볼게."

진이 말했다.

"그런데, 나는…… 나랑 상준이는 왜 괜찮지?"

에스, 상준이와 함께 단상 아래에 서 있는 휘경이가 덜덜 떨면서 말했다.

"너랑 상준이는 정식으로 접속하지 않았으니 이것도 일종의 버그 같아."

에스가 대답했다.

"일단 이유는 나중에 찾고 에스가 완전히 굳어 버리기 전에

이 미션을 빨리 끝내야 해. 서두르자."

윤경이가 말했다.

휘경이는 윤경이의 말에 단상 위로 오르려 발걸음을 뗐다. 하지만 잔뜩 겁을 먹은 상준이는 주저앉은 채 꼼짝하지 않았다. 휘경이가 상준이에게 손을 내밀었다.

"가자, 어서."

상준이가 눈물이 가득 고인 눈으로 고개를 세차게 저었다.

"싫어! 다른 곳으로 갔다가 더 무서운 게 나타나면 어떡해. 나 죽기 싫어."

휘경이는 상준이를 달래며 꼭 안아 주었다.

"일어나자. 가야 해."

"못 해."

상준이는 결국 울음을 터뜨렸다. 단상 위에서 윤경이가 외쳤다.

"상준아, 빨리 움직여야 해. 시간이 없어."

"못 간다고! 싫다고!"

진과 윤경이가 난처한 얼굴로 상준이를 바라보았다.

그때였다. 휘경이가 무언가 결심한 듯 소리쳤다.

"애들아, 내가 상준이 옆에 남아 있을게. 지금은 상준이가 걸을 수 없을 것 같아. 에스도 못 움직이고, 강훈이도 게임을 해야 하니까 누군가 움직일 수 있는 사람이 남아 있는 게 좋겠어."

떨리고 있었지만 단호한 목소리였다.

"뭐?"

진의 눈이 휘둥그레졌다. 진은 휘경이를 남겨 두고 가고 싶진 않았다.

"휘경이 말이 맞아. 움직일 수 없는 상태의 아이들만 놓고 가는 것보다 휘경이가 있는 게 나을 거야."

윤경이가 진을 설득했다. 잠시 고민하던 진이 말했다.

"휘경아, 잠시 이리 와 줄래? 난 내려갈 수가 없어."

휘경이가 다가오자 진은 보관함을 열었다. 그리고 3D 스케치 패드를 꺼내 휘경이에게 건네주었다.

"이거 네가 가지고 있어. 스케치 패드로 뭔가를 계속 만들면 상준이를 조금은 진정시킬 수 있을 거야. 그리고 만에 하나 늑대가 나타나서 도망치게 된다면 사용해. 에스와 강훈이가 게임을 잘하니까 그때그때 필요한 아이템들을 잘 생각해 낼 거야."

휘경이가 긴장한 얼굴로 고개를 끄덕였다.

"그래도 만약 위험한 순간이 온다면 무조건 너부터 숨어. 나한테 있는 약으로 다른 아이들은 어떻게든 도울 수 있으니까 걱정하지 말고."

스케치 패드를 받아 든 휘경이의 손이 떨리고 있었다. 의연하게 남겠다고 말했어도 역시나 이 상황이 힘든 거겠지. 진이 휘경이의 손을 잡았다.

"미안해. 위험한 게임을 하게 해서. 대신 게임에서 무사히 나가면 농구든 축구든 체육 수행 평가는 모두 내가 책임질게."

휘경이가 살짝 미소 지으며 대답했다.

"알았어……. 약속 꼭 지켜."

진은 강훈이에게도 말을 건넸다.

"미안해, 강훈아. 친구들을 부탁할게."

"알았어! 브로. 나 집중해야 하니까 빨리 가."

화면에서 눈도 떼지 못한 채 강훈이가 대답했다. 처음 보는 차분한 모습이었다. 윤경이가 진의 어깨를 잡았다.

"서두르자. 테트리스 게임 속도가 점점 빨라지고 있어. 금방 또 끝날 거야."

진과 윤경이는 아이들과 잠시 눈을 맞춘 후 다음 방으로 향했다.

수학 노트

폴리오미노와 테트리스

 같은 크기의 정사각형을 평면상에서 서로 겹치지 않게, 변과 변이 정확히 맞닿도록 붙여 만든 도형을 폴리오미노라고 한다. 예를 들어, 다음과 같이 폴리오미노와 폴리오미노가 아닌 도형을 구분할 수 있다.

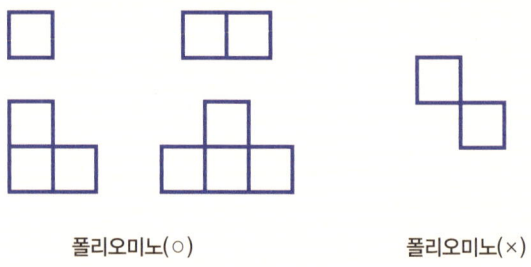

폴리오미노(○)　　　　　　폴리오미노(×)

 정사각형이 1개일 때는 모노미노, 2개를 이어 붙이면 도미노, 3개를 이어 붙이면 트로미노, 4개를 이어 붙이면 테트로미노라고 한다.

 테트리스는 1985년 러시아의 컴퓨터 프로그래머 알렉세이 파지트노프가 발명한 게임으로, 다양한 모양의 테트로미노 블록들을 가지런히 채워 지우는 방식으로 점수를 얻는다.

 2002년, 미국 매사추세츠 공과 대학의 컴퓨터 과학 연구소

수학 노트

과학자들은 테트리스 게임을 분석하여 이 게임이 최고의 점수를 얻는 방법을 수학적으로 계산하기 어려운 NP 문제라는 것을 증명했다.

NP 문제(nondeterministic polynomial time problem, 미정 다항 시간 문제)는 풀기에는 어렵지만, 답이 맞는지 확인하기는 쉬운 수학 문제를 뜻한다. 예를 들어 68,718,821,377이라는 수가 어떤 두 소수의 곱이라고 할 때, 그 두 소수가 무엇인지 찾기는 쉽지 않다. 그러나 131,071과 524,287이라는 답을 알고 있다면 계산기만 눌러 보아도 이 답이 맞는지 틀린지 간단하게 확인할 수 있다.

NP 문제가 풀기 어렵다고 해서 풀 수 없는 문제라는 뜻은 아니다. 아직 수학적으로 해결하는 방법을 찾지 못했다고 생각하는 것이 맞다. 따라서 NP 문제인 테트리스에서 높은 점수를 얻을 방법을 설명해 낸다면 세계적인 수학자가 될 수 있을 것이다.

마지막 조각

 문을 통과해 나가자 어두운 길이 나타났다. 허물어진 조각상들 때문인지 스산한 느낌이 들었다. 긴장 탓에 진의 표정은 잔뜩 굳어 있었다. 진의 기분을 풀어 줄 요량인지, 윤경이가 피식 웃으며 말했다.

 "너무 걱정하지 마. 애들 괜찮을 거야. 에스가 그랬잖아. 게임에 아이들을 위험하게 하는 장치는 없을 거라고."

 "응."

 진이 여전히 굳은 표정으로 고개를 끄덕였다.

 "그나저나 또 너랑 나랑 둘만 남았네."

"그러게. 이게 무슨 인연인가 싶다. 같은 집에 살고, 미래에는 한 팀이고, 지금도 둘만 남고."

진이 대답했다.

"인연은 무슨! 자꾸 의미 부여하지 마. 너 고백하거나 뭐 그런 생각하면 가만 안 둔다!"

윤경이가 장난스럽게 진을 흘겨보았다.

"고백은 무슨. 나 좋아하는 사람 따로 있거든!"

진이 얼결에 마음을 말해 버렸다. 윤경이의 눈이 동그래지더니 금세 키득거렸다.

"오, 많이 컸네. 휘경이?"

"아니거든. 빨리 가기나 해."

얼굴이 빨개진 진이 성큼성큼 앞으로 걸어 나갔다. 윤경이는 배시시 웃으며 진의 뒤를 따랐다.

한참을 말없이 걷던 진은 무언가 생각난 듯 보관함을 열어 스위치 스티커를 꺼냈다. 하나를 윤경이에게 주더니 다른 하나는 자신의 손등에 붙였다. 윤경이가 의아한 눈으로 진을 쳐다봤다.

"혹시라도 위험한 상황에 처하면 스위치 스티커를 눌러."

진이 말했다.

"무슨 소리야? 그러면 너랑 나랑 위치가 바뀌잖아. 나 대신 너를 위험에 처하게 하라고?"

"그러니까…… 혹시라도."

"말도 안 되는 소리."

윤경이가 손등의 스티커를 떼어 버렸다.

"너랑 너희 부모님 그동안 너무 힘들었잖아. 또 그렇게 되게 할 수는 없어. 만일 누군가 위험에 빠져야 한다면 이번에는 내 차례야."

"헛소리하지 마. 이거 버린다."

윤경이가 차가운 표정으로 말했다.

"아, 알았어. 하여간 못 이긴다니까. 일단 가지고는 있자. 만약에 서로 떨어지게 되면 위치라도 확인할 수 있게."

진이 애원하듯 말했다. 윤경이는 잠시 고민하더니 스티커를 손등에 붙였다.

"어쨌든 이상한 생각 하지 마. 만일 헤어지게 되면 스위치 스티커로 몸을 바꿔서 서로 위치를 확인하는 용도로만 사용하는 거야. 난 그 자리에 그대로 있을 테니까 네가 찾아와. 난 움직이는 거 별로니까."

"알았어. 내가 찾아갈게."

진이 웃으며 말했다.

두 사람은 다시 걷기 시작했다. 잠시 후 두 사람의 눈앞에 검은색 호수가 나타났다.

"이 다리를 건너야겠지?"

진이 호수 건너편까지 연결된 좁고 긴 다리를 손으로 가리키며 말했다.

"아까 에스가 빠지면 안 된다고 했던 검은 호수랑 똑같은 건가 봐. 조심해서 건너야겠어."

윤경이가 말했다.

"알겠어. 그래도 조금 서두르자. 강훈이가 얼마나 버틸지 모르니."

두 사람은 걸음을 재촉했다. 잠시 후 두 사람 앞에 거대한 철문이 나타났다.

윤경이가 샐쭉하게 대꾸하자 진이 웃으며 말했다.

"고대 이집트 사람들이 사용하던 부적 같은 거야. 호루스라는 신의 눈이지."

"어떻게 그런 걸 다 알아?"

"엄마한테 들었어. 엄마 목걸이에 있던 그림이거든. 고대 이집트 사람들은 호루스의 눈을 단위 분수로 표현했대."

"단위 분수라면, 분자가 1인 분수?"

"응, 호루스의 눈썹은 $\frac{1}{8}$, 눈동자는 $\frac{1}{4}$이었어. 그런데 재미있는 점은 눈에 있는 분수들을 다 더해도 1이 되지 않아. $\frac{1}{64}$이 부족한 $\frac{63}{64}$이 되지."

$$\frac{1}{2}+\frac{1}{4}+\frac{1}{8}+\frac{1}{16}+\frac{1}{32}+\frac{1}{64}=\frac{63}{64}$$

"왜 그런 거야? 무슨 의미가 있어?"

"이집트 사람들은 나머지 $\frac{1}{64}$은 다른 신이 채워 줄 거라고 믿었대."

"재미있는 이야기네."

윤경이가 흥미롭다는 듯 고개를 끄덕였다.

"엄마는 이 이야기가 수학자 같다고 하셨어."

"수학자?"

"사람들은 수학자들이 혼자 방에 들어앉아 문제만 푸는 사람들이라고 생각하지만, 절대 그렇지 않다고 했거든. 새로운 수학 개념을 만들거나 새로운 문제를 만들기 위해서는 다른 수학자들이 만들어 놓은 $\frac{63}{64}$에 $\frac{1}{64}$을 더할 수 있어야 하고, 자신이 만든 $\frac{1}{64}$에 $\frac{63}{64}$의 도움을 감사히 받을 줄 알아야 한다고 했어. 좋은 수학자는 늘 열린 마음으로 다른 사람의 이야기를 듣고 자기 생각을 말하는 사람이라면서."

"좋은 말씀이네."

"응…… 그렇지."

진은 잠시 엄마에 대한 기억이 떠오른 듯 말을 잇지 못했다.

윤경이가 진의 어깨를 툭 치며 말했다.

"가자, 친구들이 기다리잖아."

"응, 그래."

진은 호루스의 눈이 그려진 철문을 힘껏 밀었다. 방에 들어선 진과 윤경이는 감탄했다. 폐허와 같이 어두웠던 길과 달리 화려하고 근사한 방이 눈앞에 펼쳐졌기 때문이다. 횃불로 환히 밝혀진 방의 가장 안쪽에는 여자의 모습이 그려져 있었다.

"저기 봐."

윤경이가 그림을 가리켰다.

"가까이 가 보자."

진이 말했다. 두 사람은 그림 앞으로 다가갔다.

그림 아래에는 4개의 붓이 놓여 있었다. 각각 붉은색, 파란색, 노란색, 초록색 물감이 묻혀 있었다. 그리고 그 옆에는 진과 윤경이가 해야 할 미션이 담긴 종이가 보였다.

윤경이가 얼른 종이를 들고 내용을 살폈다.

"한번 칠하면 색을 바꿀 수 없다니. 실수를 하면 실패한다는 얘기네."

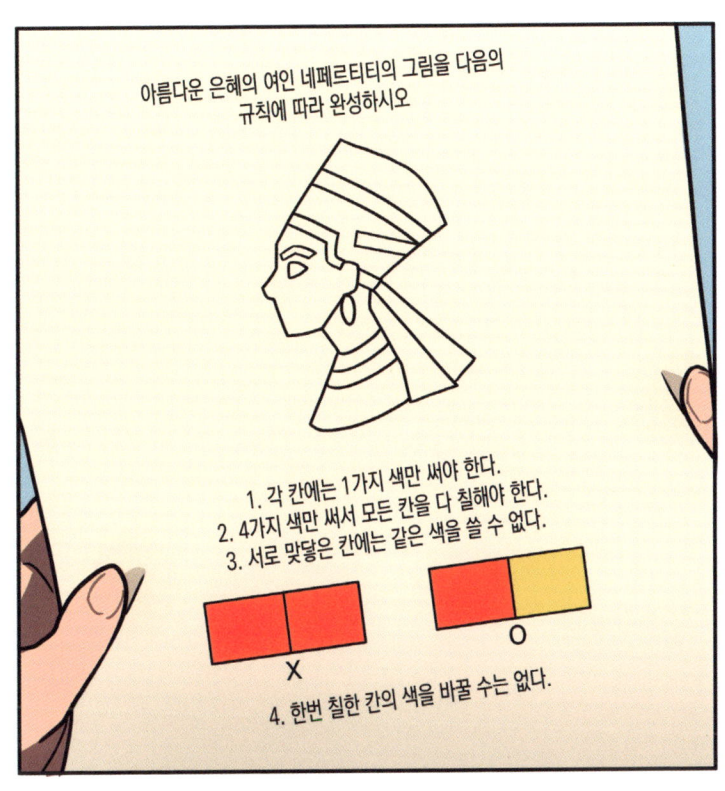

글을 다 읽은 윤경이가 한숨을 쉬며 투덜거렸다.

"그러게."

진이 고개를 끄덕였다.

"어떻게 이걸 한 번에 다 순서에 맞게 칠하지?"

두 사람은 그림을 한참 쳐다보았지만 뾰족한 방법이 없었다. 머릿속으로 미리 모든 색을 칠해 보기에는 칸이 많아서 불가능했기 때문이다.

"이대로는 안 돼. 머리로 생각해 보는 거 말고 다른 방법을 찾아보자."

윤경이가 말했다.

"그래. 하나하나 칠하는 경우를 계산하는 방식으로는 해결할 수 없을 것 같아."

진이 고개를 끄덕이며 대답했다. 두 사람은 잠시 동안 말없이 종이를 바라보았다.

윤경이가 먼저 입을 열었다. 시선은 여전히 종이에 둔 채 심각한 표정으로 말했다.

"이 문제를 먼저 다양한 방법으로 분석해 보는 건 어떨까? 음…… 일단 옆에 붙어 있는 다른 칸의 개수를 세어서 정리하는 건 어때? 옆에 한 칸만 붙어 있는 칸, 두 칸이 붙어 있는 칸. 뭐 그런 식으로 자료를 정리해 보면……."

"자료를?"

진의 눈이 반짝였다.

"그러니까 칸의 개수를 세어 보자고……."

"맞아! 바로 그거야!"

"뭐가? 뭔데? 무슨 생각이 떠오른 건데?"

윤경이가 궁금하다는 듯 진을 재촉했다.

"윤경아, 자료를 정리하는 가장 효과적인 방법이 뭐지?"

"뭐, 표나 그래프로 나타내는 거지."

"그래, 복잡한 자료를 그림으로 시각화하여 나타내는 게 그래프잖아. 이 그림도 그래프로 나타내 보면 어떨까?"

"막대그래프 같은 거?"

"응. 자료를 효과적으로 알아보게 한다면 어떻게 그려도 그래프가 되니까 굳이 막대그래프일 필요는 없지만."

진이 자신만만한 표정으로 미소를 지었다.

"뭐 떠오르는 방법이 있어?"

"잠깐만, 펜 좀 꺼낼게."

진은 보관함에서 펜을 꺼냈다. 그리고 허공에 간단한 그림을 그렸다.

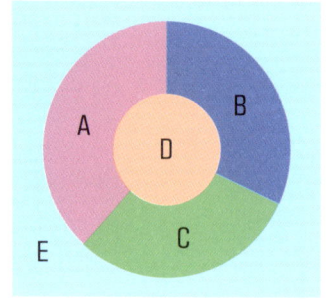 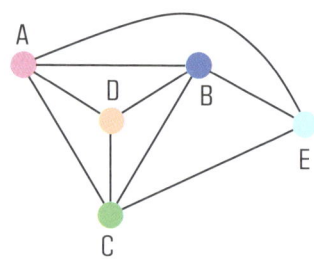

"자, 봐. 이렇게 나타내 보는 거야. 각 칸은 동그라미로 그리고 서로 맞닿아 있다면 선으로 연결하는 거지. 왼쪽 그림에서 A는 B, C, D, E와 모두 연결되어 있으니까 모든 동그라미와 선으로 연결하는 거야. 이렇게 하면 그림을 훨씬 간단하게 나타낼 수 있어."

"좋은 방법이네. 시간은 조금 걸리겠지만 한 칸씩 칠하면서 틀릴 때마다 다른 색을 떠올려 보는 것보다는 낫겠다."

윤경이가 밝게 웃으며 답했다.

"이걸 식으로 표현할 수 있으면 더 좋을 텐데. 지금은 고민할 시간이 없으니까, 그림에서 이마를 붉은색으로 칠한다고 정하고 연결된 칸을 무슨 색으로 칠할지 그래프로 나타내 보자. 시간이 될지 모르겠지만."

"하는 데까지 해 보자. 미션을 모두 마치면 에스도 괜찮아질 거야. 일단 내가 이 문제를 풀고 있을 테니까 진 너는 이곳을 더 살펴봐. 혹시 다른 미션이 또 남아 있을지도 모르니까."

"그래, 알았어."

윤경이는 허공에 그래프를 그려 나가기 시작했고, 진은 주위를 살펴보았다. 그때였다. 진과 윤경이의 등 뒤에서 커다란 박수 소리가 들려왔다.

짝! 짝! 짝!

깜짝 놀란 두 사람은 뒤를 돌아보았다.

> 수학 노트

호루스의 눈

분수는 사람들이 숫자를 만들어 쓰기 시작한 때와 비슷한 시기에 만들어졌다. 나눗셈이나 소수에 대한 개념이 전혀 없었던 사람들은 1÷6의 답을 구할 수가 없어서 그냥 $\frac{1}{6}$이라고 썼다.

고대 이집트에서 모든 분수는 분자가 1인 단위 분수였다. 예를 들어, 지금은 2÷5를 간단하게 $\frac{2}{5}$라고 나타내지만, 고대 이집트에서는 $\frac{1}{3}+\frac{1}{15}$과 같은 식으로 표현했다. 고대 이집트에서는 아래와 같이 분수를 상형 문자로 나타냈는데, 모든 분수를 상형 문자로 만들 수는 없었기 때문이다.

$$\text{▱} = \frac{1}{2} \qquad \text{◯} = \frac{1}{3} \qquad \text{◯} = \frac{1}{4}$$

단위 분수는 고대 이집트의 신화에도 등장한다. 고대 이집트에는 하늘의 신과 땅의 신 사이에서 태어난 오시리스라는 신이 있었다. 오시리스의 동생인 세트는 성격이 매우 포악했는데, 왕이 되고 싶은 마음에 형 오시리스를 죽인다. 하지만 오시리스의 아내 이시스가 남편을 부활시켜 저승의 왕이 되게 했고, 저승의 힘으로 아이를 가졌다. 그 아이가 바로 호루스이다.

수학 노트

어른이 된 호루스는 세트를 물리쳐 아버지의 복수를 하고 왕이 되지만, 세트와의 전쟁에서 그만 왼쪽 눈을 잃고 만다. 산산조각이 난 호루스의 눈을 지혜의 신 토트가 다시 모아 원래의 모습을 찾게 도와준다. 그리하여 호루스의 오른쪽 눈은 태양이, 토트가 되찾아 준 왼쪽 눈은 달이 되어 낮과 밤을 밝히게 되었다.

이집트 사람들은 이 신화에 나오는 호루스의 왼쪽 눈을 부적처럼 사용했다. 나쁜 기운으로부터 자신을 지키기 위해 호루스의 눈을 귀금속이나 장신구에 그려 놓곤 했다.

한편, 이집트 사람들이 호루스의 눈에 표시한 분수를 모두 더하면 $\frac{63}{64}$이므로 완전한 1은 아니다. 토트는 나머지 $\frac{1}{64}$에 해당하는 조각을 끝까지 찾지 못했다. 이집트 사람들은 호루스의 눈을 치유해 준 토트가 나머지를 채워 준다고 여겼다.

$$\frac{1}{2}+\frac{1}{4}+\frac{1}{8}+\frac{1}{16}+\frac{1}{32}+\frac{1}{64}=\frac{63}{64}$$

마지막 조각 >>

보이지 않았던 수

"역시 진 박사님이시네요. 정말 멋진 풀이 방법을 생각해 내셨습니다!"

큰 목소리로 외치며 방긋 웃고 있는 사람은 리드였다. 진은 마치 구세주를 만난 것처럼 리드가 반가웠다. 이제 친구들도 구하고 게임도 끝낼 수 있다!

"리드! 왜 이제야 왔어요? 지금 친구들이 위험해요!"

"죄송해요. 저도 빨리 오려고 했는데 워낙 접속하기가 어려워서요."

리드가 다가오며 말했다. 진은 리드에게 달려가려다 멈칫했다. 리드의 웃음 가득한 얼굴에서 왠지 모를 위화감을 느꼈기 때문이다.

"네르랑 티아는요?"

진이 슬며시 몸을 뒤로 빼며 물었다.

"제가 전에 말씀드렸잖아요. 진 박사님을 가장 많이 생각하는 사람은 저라고. 그러니 제가 제일 먼저 오는 게 당연하지요."

리드가 미소를 지으며 대답했다.

윤경이도 리드의 분위기가 이상하다는 것을 눈치챘는지 진의 옷깃을 잡아끌며 작게 말했다.

"뭔가 이상해."

진은 아무 말 없이 고개를 살짝 끄덕였다. 진은 경계심이 담긴 눈으로 리드를 응시했다. 진과 눈이 마주친 리드가 냉소적인 미소를 지었다.

"이제 다 됐네요."

"그게 무슨?"

진의 물음에 리드가 이야기를 시작했다.

"진 박사님께서 처음 수학 메이즈에 접속할 때부터 저는 모든 상황을 다 지켜보고 있었어요. 학교 친구들을 데리고 오시다니. 진 박사님은 정말 못 말린다니까요. 어리바리해 보였는데, 그 친구들이 꽤 활약하는 바람에 놀랐습니다. 혹시나 제 계획에 변수가 되면 어쩌나 걱정이 될 정도였어요. 테트리스 미션에서 돌로 굳어 버리시길 바랐는데, 용케 여기까지 오셨네요. 안타깝습니다. 돌이 되었다면 굳이 절 다시 만나실 일도 없으셨을 텐데요."

리드가 한 걸음, 한 걸음 다가올 때마다 진과 윤경이는 조금씩 뒷걸음질을 쳤다. 진은 온몸에 소름이 돋는 기분이었다.

윤경이가 리드를 노려보며 말했다.

"리드…… 아니, 리드 모습을 한 당신은 누구죠?"

"아이고, 윤경 님. 전 리드가 맞습니다. 다만 두 분이 저를 제대로 알아보지 못하신 것뿐이지요."

진이 당황한 목소리로 물었다.

"설마…… 검은 천사?"

진의 말에 깜짝 놀란 윤경이가 진을 바라보았다. 리드는 여유로운 표정을 지어 보였다.

"그렇게 많은 힌트를 드렸는데, 이제야 알아보시다니 서운합니다. 훌륭한 수학자가 되려면 다른 사람의 말을 무턱대고 믿지 말고 하나하나 논리적으로 확인하셨어야죠. 사실 조금 실망했답니다."

리드의 비웃음 섞인 말에 진은 머릿속이 하얘지는 기분이었다.

"왜, 대체 왜. 당신은 제 경호원이라면서요?"

"원래 2년 전에 죽었어야 할 세 분 때문에 제가 얼마나 힘들었는지 상상도 못 하실 거예요. 적성에 안 맞는 경호원 일도 못 그만두고 계속해야 하지, 그러면서 틈틈이 검은 천사 동료들이 수학 플레이어를 해킹할 수 있도록 도와야지. 박사님도 네르 까다로운 거 아시죠? 그 성격을 다 맞춰 주면서 네르랑 티아가 눈치 못 채게 하느라고. 하, 정말 힘들었어요. 하지만 완벽했죠. 박사님도 속으셨죠? 하하하하."

리드는 소름 끼치는 소리로 웃어 댔다. 진과 윤경이는 끔찍한 공포를 느꼈다.

"저도 나름 이번 기회가 절박했답니다. 진 박사님, 윤경 님,

상준 님을 한 번에 해결할 기회는 흔치 않으니까요."

"하지만 상준이는 수학 플레이어를 안 한다고 했잖아요. 해커가 될 생각도 없었다고요."

진이 소리쳤다.

"이런, 이런. 사람을 어떻게 믿습니까? 나중에 커서 어떻게 변할 줄 알고요. 후환은 남기지 말아야지요. 그리고 상준 님 덕분에 두 분도 이 피라미드 안에 들어오게 되셨잖아요."

"그럼 일부러 상준이를 기절시켜서 피라미드 앞에 데려다 놓았다는 건가요?"

윤경이가 물었다.

"대어를 낚으려면 큰 미끼가 필요한 법이니까요."

리드가 미소 지으며 말했다. 하지만 눈빛이 살기로 형형하게 빛나고 있었기에 진과 윤경이는 끔찍한 느낌이 들었다.

"저도 이렇게까지 잔인해질 생각은 없었습니다. 아까 말씀드렸듯, 그냥 돌로 변하셨으면 의식을 잃으셨을 테고, 제가 고통 없이 끝낼 수 있었을 텐데."

리드는 자신의 보관함을 열어 긴 검을 꺼냈다.

방 안을 쩌렁쩌렁하게 울린 목소리의 주인공은 네르였다. 네르와 티아는 저 멀리 문 쪽에서 서늘한 표정으로 서 있었다. 네르의 손에는 긴 검이 들려 있었다.

네르와 티아가 천천히 세 사람을 향해 다가왔다. 리드가 머리를 긁적였다.

"이런, 감상에 젖어 시간을 너무 끌었군. 난 언제나 친절한 게 문제라니까."

"이제 그만하지. 본부에서 네 본체를 찾고 있어. 다 끝났어."

네르가 말했다.

"아직 본체를 못 찾았다는 이야기를 뭘 그리 상냥하게 해 주나. 내가 이렇게 자유롭게 움직이는 걸 보니 시스템이 완전히 복구된 것도 아닌 게 분명하고, 자네가 날 당장 옭아매지 못하는 걸 보니 마스터 능력도 못 쓰는 것 같네? 안타까워서 어쩌나. 마스터의 능력을 쓸 수 없다면 자네와 티아는 날 힘으로 이길 수가 없어."

리드가 냉소적인 미소를 지으며 검을 고쳐 잡았다.

네르는 천천히 검을 잡은 손에 힘을 주며, 티아에게 말했다.

"티아 님, 진 박사님과 윤경 님을."

"네."

티아가 재빠르게 진과 윤경이의 옆으로 다가왔다. 리드는 검을 든 네르를 의식했는지 섣불리 티아를 막지 못했다. 티아가 진과 윤경이를 재촉했다.

"우선 자리를 피해야겠습니다!"

티아는 진과 윤경이를 이끌고 호루스의 문 쪽으로 달렸다. 리드가 재빨리 쫓아와 검을 휘두르려고 했지만, 네르의 검이 이를 막았다.

"돌아보지 말고 빨리 나가세요!"

티아가 소리쳤다.

세 사람은 정신없이 문을 향해 달렸다. 진과 윤경이가 방 밖으로 나오자 티아는 문을 닫은 후 옆에 있던 석상을 옮겨 문이 열리지 않도록 기대 두었다. 다리가 풀린 아이들은 문 앞에 털썩 주저앉았다. 리드의 검 끝이 자신들을 향한 순간부터 발에 힘이 들어가지 않았지만 죽기 살기로 겨우 탈출한 것이었다.

쓰러지듯 앉아 있는 두 사람에게 티아가 말했다.

"괜찮으신가요? 일단 여기서 기다려야겠습니다. 암무트의 방으로 넘어가면 돌로 굳어질 수 있으니까요. 방법을 고민해 볼 테니 조금만 기다려 주세요."

"도대체 어떻게 된 거예요? 리드가 검은 천사라니!"

진이 화가 난 목소리로 소리쳤다.

"저희도 몰랐습니다. 이곳에서 정체를 드러내기 전까진. 해킹 피해가 심각해서 마스터 권한을 가진 네르와 저만 겨우 접속할 수 있었습니다."

티아가 대답했다. 말투는 차분했지만 티아답지 않게 당황한 모습이 역력했다. 티아도 네르도 예상치 못한 상황이 벌어진 게 분명해 보였다. 잠시 정적이 흘렀다.

"대체 어디까지가 진실인가요?"

진이 혼란스러운 얼굴로 물었다.

"그게 무슨 말씀이신지……?"

티아는 진의 말을 이해할 수 없다는 표정을 지었다. 윤경이가 말을 이었다.

"리드가 저희를 찾아왔었어요. 미래에서 우리 두 사람을 대체할 만한 다른 수학자와 프로그래머를 찾고 있다고 말해 줬어요. 이번 메이즈에 참여한 아이들이 그 후보라고 하던데. 정말인가요?"

"……"

티아는 당황한 듯 입을 열지 못했다.

"다 사실이었군요?"

진이 상처받은 얼굴로 되물었다.

"아니, 아니에요! 두 분을 대신할 다른 아이들을 찾고 있다는 이야기는 거짓입니다. 하지만 두 분께 아직 설명드리지 못한 이야기가 있습니다. 더 빠르게 상황을 마무리했어야 했는데……. 이런 일이 벌어지게 된 것은 모두 저희 탓입니다."

"대체 무슨 이야기인데요? 알아듣게 좀 말해 보세요."

진이 화가 난 목소리로 소리쳤다.

"말하자면 깁니다. 그런데 지금은 시간이 없어요. 네르가 얼마나 버틸지, 과연 버텨 줄 수 있을지도 모르겠어요. 일단 탈출할 방법을 찾고 나서 다 설명드릴게요. 하나도 숨김없이."

"그래요, 일단은 이 문제부터 해결해요."

윤경이가 냉정한 목소리로 말했다.

"시스템이 완전히 복구되지 않은 것 같던데, 네르가 리드를 이기지 못하면 어떡하죠? 우리는 나갈 수 있나요?"

진이 물었다.

"일단 본부에서 연구원들이 시스템을 정상화하기 위해 최선을 다하고 있습니다. 네르가 그때까지 버텨 주기면 하면 됩니다."

"못 버티면요? 리드에게 지면요?"

윤경이가 날 선 목소리로 물었다.

"제가 지켜드릴 겁니다. 두 분뿐만 아니라 여기 남은 아이들이 모두 무사히 돌아갈 수 있도록……."

티아가 비장한 표정으로 말했다.

윤경이는 그 이상 묻지 않았다. 네르와 티아가 버틸 때까지 시스템이 정상화되지 않는다면 리드를 피할 방법이 없다는 말로 들렸기 때문이다. 아마 사야프와 검은 천사들도 이번 기회를 놓치지 않기 위해 계속해서 해킹을 시도할 것이다. 시스템이 안정화되기는 쉽지 않아 보였다.

"그런데 윤경이는 여기서 공격받고 2년이나 몸을 움직이지 못했잖아요. 네르는 괜찮을까요? 혹시라도 지면 어떻게 되는 거죠?"

진이 물었지만 티아는 아무 대답이 없었다. 진이 다시 소리쳤다.

"어떻게 되냐고요!"

티아는 아무 말 없이 진의 눈을 바라보았다. 진은 티아의 침묵이 무엇을 의미하는지 알 수 있었다.

잠자코 있던 윤경이의 눈에 검은 호수가 들어왔다.

"뜬금없는 질문이기는 한데, 아까 에스가 저 검은 물에 빠지면 본부에서 구해 주기 전까지 나올 수 없다고 하더라고요. 저 안에는 무엇이 있나요?"

티아는 혹시나 문이 열리지는 않는지 확인하면서 경계를 늦추지 않은 채 대답했다.

"검은 호수 아래에는 특별한 공간이 설계되어 있습니다. 공간에 들어간 후 정확히 10초가 지나면 모든 것이 실제와 거꾸로 작동하도록 되어 있지요."

"거꾸로?"

"네. 저곳은 허수의 공간이거든요."

"허수가 뭐예요?"

윤경이의 질문에 티아가 되물었다.

"정수는 아십니까?"

"1, 2, 3과 같은 자연수, 자연수 앞에 - 표시를 붙여 0보다 작은 수를 나타내는 -1, -2, -3과 같은 음수, 그리고 자연수도 음수도 아닌 0을 모두 합쳐서 정수라고 하는 거 맞지요?"

윤경이 대답했다.

"네, 맞습니다. $\frac{1}{4}$과 같은 분수와 정수를 합해서 유리수라고 하지요. 분수로 나타낼 수 없는 수는 무리수라고 하고요. 그런데 유리수든 무리수든 어쨌든 이러한 수들은 우리 생활 속에서 그 양이나 크기를 눈으로 확인할 수 있지요. 반면에 허수는 생활 속에 보이지 않아요. 세상에 존재하지 않는 수거든요."

"존재하지 않는 수라고요?"

진이 궁금하다는 표정으로 물었다.

"허수는 같은 수를 두 번 곱했을 때 음수가 나오는 수예요. 이러한 수는 세상에 존재하지 않지만, 수학자들이 상상으로 만들었답니다.* 이 수를 이용하면 우리 주변의 모든 것을 거꾸로 생각할 수 있습니다. 예를 들면, 사과는 중력에 의해 나무에서 땅으로 떨어지지만, 허수의 공간에서는 땅에서 나무로 솟구친다고 계산할 수 있는 거지요."

"흥미롭네요."

진이 고개를 끄덕이며 말했다.

"호수 아래 공간은 모든 물리 법칙이 허수로 계산되게 해 놓았습니다. 그래서 저 안에서는 우리가 알던 상식대로 움직일 수가 없습니다. 본부에서 허수의 공간을 멈추고, 의식을 꺼내주기 전까지는 나올 수 없게 되지요."

"리드도 검은 호수 아래 뭐가 있는지 알고 있나요?"

윤경이가 물었다.

"아니요. 모를 겁니다. 원래 직책이 경호원이라. 게임의 전반적인 설정에 대해서는 본부 직원들 대부분이 알고 있지만, 세부적인 설계나 함정까지는 공유하지 않거든요."

윤경이가 조심스럽게 말했다.

"그럼, 리드를 저기에 빠뜨리면 안 되나요? 시스템이 완전히 복구될 때까지만이라도 저 안에 가둘 수 있다면……."

티아의 눈이 동그래졌다.

"좋은 생각이십니다. 하지만 방법이 있을지 모르겠네요. 네르와 저는 연구자이고 리드는 경호원입니다. 마스터의 힘을 쓸 수 없는 지금 상황에서 저희가 힘으로 리드를 검은 호수에 넣는 것은 불가능합니다. 의식의 움직임도 결국 본체의 능력을 따르게 되니까요."

이야기를 듣고 있던 진이 작게 중얼거렸다.

"10초, 10초라……."

진이 무언가 깨달은 듯 갑자기 티아를 보며 말했다.

"티아, 저 안에 들어가도 10초 동안은 제 마음대로 움직일 수 있다는 거지요? 10초 후부터는 허수의 시공간이 펼쳐지고요."

"맞습니다. 공간에 들어온 것을 시스템이 인식한 순간부터 허수의 시공간이 작동하기까지 정확히 10초가 걸립니다."

"그렇다면 스위치 스티커를 사용하면 어떨까요?"

진은 자신의 손에 붙어 있는 스위치 스티커를 티아에게 보여주었다. 티아가 반가운 표정을 지었다.

"스위치 스티커가 맞네요. 보상으로 받으셨나요?"

"네, 맞아요. 스위치 스티커 중 하나를 리드에게 붙인 후 제가 저 안으로 들어가는 거예요. 그리고 10초 안에 스위치를 작동시켜 위치를 바꾸면 저 대신 리드가 저 공간에 갇히게 될 거예요."

윤경이가 심각한 표정으로 끼어들었다.

"좋은 생각이긴 한데, 리드가 바보도 아니고 스위치 스티커를 작동시킬 리는 없잖아."

"내가 리드 가까이 가서 스티커를 붙인 후 스위치를 켜면? 아, 그럼 내가 검은 호수 안으로 못 들어가서 안 되겠구나. 음…… 이 계획도 안 되는 건가."

윤경이가 진을 응시하며 말했다.

"아니야. 할 수 있을 것 같아. 검은 호수에 내가 들어갈게."

"뭐라고?"

"안 됩니다!"

진과 티아가 동시에 소리쳤다.

"절대로 안 됩니다. 계획이 성공하면 다행이지만, 그렇지 않다면 두 분 중 한 분은 허수의 공간에 갇히게 될 겁니다. 최악의 경우 저와 네르가 리드를 막지 못한다면 영원히 저 안에 갇힐 수도 있어요."

티아가 단호하게 말했다.

"가만히 있으면 리드를 막을 수는 있고요? 어차피 저 문이 열리고 리드가 공격해 오면 우린 모두 끝나는 거 아닌가요?"

"그, 그건."

윤경이의 물음에 티아의 말문이 막혔다.

진과 윤경이는 절대 물러서지 않겠다는 눈빛이었다. 잠시 후 티아가 작은 한숨을 쉰 후 말했다.

"그러면 제가 하겠습니다. 스위치 스티커를 주십시오."

약간의 실랑이 끝에 윤경이가 자신의 스티커를 티아에게 건네주었고, 티아는 자신의 손에 스위치 스티커를 붙였다. 그러나 스위치 스티커는 작동하지 않았다.

"왜 안 되죠?"

진이 물었다.

"아무래도 저는 참가자도 아닌 데다, 억지로 프로그램 속으로 들어온 상황이라 제대로 게임 아이템을 사용할 수 없는 듯

합니다."

티아가 낙담한 표정으로 말했다.

"주세요. 이건 진과 제가 해야 해요."

윤경이가 티아를 향해 손을 내밀었다.

"안 됩니다."

티아가 완강히 거절했다.

"어서 주세요!"

티아가 말릴 틈도 없이 윤경이가 스티커를 떼어 갔다.

그때 거대한 굉음과 함께 공간이 크게 흔들렸다. 티아와 아이들은 불길한 기운을 느꼈다.

"일단 가시죠."

세 사람은 서둘러 다리 반대편으로 이동했다. 윤경이는 자신의 계획을 귓속말로 진에게만 설명했다.

잠시 후, 결국 호루스의 문이 열렸다. 티아와 아이들은 조용히 문을 응시했다. 문을 열고 걸어 나온 사람은 리드였다.

"이런."

티아가 굳은 표정으로 자신의 보관함에서 검을 꺼내 들었다.

그 모습을 본 리드는 뭐가 그리 웃긴지 큰 소리로 웃어 댔다. 웃다가 눈물까지 흘릴 정도였다. 리드가 눈가를 닦아 내며 티아와 아이들에게 천천히 다가왔다.

"아이고, 티아 님. 그만하세요. 티아 님이 무슨 검을 쥐십니까. 고운 손 상하겠습니다."

진이 티아에게 살짝 속삭였다.

"저희를 믿고 기다려 주세요."

티아가 당황한 눈빛으로 진을 쳐다보았다. 이미 리드는 다리의 절반을 넘은 상태였다.

"잠깐! 멈춰요! 제가 그리로 갈게요. 제가 갈 테니 윤경이는 그냥 놔 주세요. 티아도 보내 주시고요."

진이 리드를 향해 외쳤다.

"진 박사님은 정말 못 말린다니까요. 맨날 이렇게 영웅이 되려고 하시고. 그런데 제가 왜 그래야 할까요? 굳이 다른 분들을 놔 줘야 할 이유가 없는데요."

"이제 곧 시스템이 복구될 거란 거 알죠? 티아가 버티는 동안 저와 윤경이가 달아나기 시작하면 시간 안에 둘 다 잡기 어려

울 텐데요. 운이 없으면 둘 다 못 잡을 수도 있고요. 제가 갈 테니 제발 친구들은 그냥 두세요. 어차피 수학 공식은 제가 개발한다면서요. 그것만 없으면 되는 거잖아요."

"정말 눈물겨운 우정이네요. 그럼 일단 저에게로 가까이 오실까요?"

리드는 티아도, 다른 아이들도 놓아줄 생각이 전혀 없었다. 진도 그 사실을 알고 있었지만, 모르는 척 천천히 리드에게 다가갔다. 티아가 진을 막으려 했지만, 윤경이가 티아의 손을 꼭 잡았다. 진의 뜻대로 하게 두라는 의미였다.

진이 리드 앞에 섰다. 그리고 똑바로 고개를 들어 리드를 보고 물었다.

"도대체 왜 검은 천사가 된 건가요? 왜 핵전쟁을 일으키려는 거예요? 그냥 같이 살 수 있는 방법을 찾으면 되잖아요."

리드가 차갑게 웃었다.

"제가 뭘 알겠습니까. 다 사야프 님의 뜻대로 하는 거지요. 다만, 그분께서는 굳이 도움이 안 되는 사람들 때문에 다 같이 고생할 필요가 없다고 하셨습니다. 필요한 사람들만 남는다면 훨

쎈 나은 세상이 될 테니까요. 저도 모르게 또 말이 길어지고 있네요. 이러다 이번에도 실패하면 안 되는데 말이지요. 그럼 안녕히 가십시오. 그동안 즐거웠습니다."

리드가 검을 천천히 들어 올렸다. 하지만 진은 겁먹지 않고 소리쳤다.

"세상에 필요 없는 사람은 없어요! 제가 여기까지 온 것도 윤경이, 휘경이, 강훈이, 에스 같은 여러 친구들 덕분이었다고요! 세상은 함께 사는 거예요!"

진의 외침에 리드가 잠시 멈칫했다. 그사이 티아가 참지 못하고 쫓아와 검을 든 리드의 팔을 붙잡고 소리쳤다.

"도망가세요!"

진은 도망가는 대신 서둘러 티아가 붙들고 있는 리드의 팔을 잡고 스위치 스티커를 붙였다. 그리고 소리쳤다.

"윤경아! 지금이야!"

진의 신호에 이미 기다리고 있던 윤경이가 검은 호수로 몸을 던졌다. 당황한 리드가 머뭇거리는 사이 리드의 팔에 붙였던 스위치 스티커가 붉은색으로 빛났다. 진이 스위치를 눌렀다.

리드가 있던 곳에는 윤경이가 서 있었다. 얼굴에 환한 미소가 번진 것도 잠시, 불현듯 무언가를 깨달은 세 사람은 서둘러 네르와 리드가 싸웠던 방으로 향했다.

네르는 바닥에 쓰러져 있었다. 진이 뛰어가 네르를 부축했다.

"네르! 괜찮으세요?"

"으으윽, 네."

네르가 앓는 소리를 냈다.

"아직 이곳에서 의식이 있으니 게임이 종료되면 아무 일도 없었다는 듯 괜찮아질 겁니다."

티아가 안심한 듯 말했다.

"다행이네요."

윤경이가 말했다. 티아는 진과 윤경이를 바라보았다.

"무모하기는 했지만 정말 잘해 주셨습니다. 두 분 고생 많으셨어요. 이제 본부에서 시스템을 복구해서 이 게임을 끝낼 때까지 잠시만 기다리면 될 듯합니다."

티아와 진, 윤경이가 서로를 마주 보며 환하게 웃었다.

　한편, 리드는 어리둥절한 상태였다. 분명 진을 잡고 있었는데 갑자기 환한 공간에 홀로 남게 된 것이다. 더욱이 리드는 눈앞의 현실을 믿을 수가 없었다. 놀이공원 거울의 방에 들어온 것처럼 수많은 자신이 보이는데 그 모습은 거울에 비친 상이 아니었다. 모든 상이 자기 자신 그 자체였다. 끔찍한 것은 자신이 바라보는 모습을 한 번에 다 인지할 수 있다는 점이었다. 보는 것이 아니라 그냥 다 인식되고 있었다. 구토가 날 것 같았다.

　게임 종료를 외쳤으나 아무 소용이 없었다. 리드는 이를 부드득 갈며 빨리 방을 나가야겠다고 생각했다. 하지만 어디로 가야 하는지, 심지어 이 수많은 모습 중에 어느 것이 진짜 자신인지도 구별할 수 없었다. 리드는 눈을 꼭 감고 앞을 향해 힘껏 달렸다.

　잠시 후 걸음을 멈추고 눈을 다시 뜬 리드는 눈앞의 광경에 아연실색했다. 자신이 처음 서 있던 공간에서 한 발짝도 움직이지 못한 것이다. 리드의 자세도 이 공간에 처음 들어왔을 때

의 모습 그대로였다.

'이게 뭐지? 내가 뭘 착각했나?'

리드는 다시 눈을 감고 떴었다. 그러나 눈을 뜨자 또다시 처음 공간에, 같은 자세로 있었다.

몇 번이나 행동을 반복하고 나서야 리드는 이곳에 갇혔다는 사실을 깨달았다. 이 공간과 시간은 영원히 반복된다. 셀 수 없이 많은 자신이 수많은 장면을 동시에 인식하는 혼란스러운 시간이 계속되었다.

'진, 이 녀석!'

리드의 분노에 찬 목소리 역시 입 밖으로 나오지 않았다. 처음 했던 행동만을 반복할 수 있을 뿐이었다.

수학 노트

허수

똑같은 수를 두 번 곱해 음수가 되는 실수는 없다. 그러나 수학자들은 계산의 편의를 위해 똑같은 수를 두 번 곱해 음수가 되는 수가 있다고 정하고 이를 '허수(imaginary number)'로 약속했다.

영국의 물리학자인 스티븐 호킹은 허수를 이용해 우주의 생성 과정을 설명했다. 호킹 박사는 다음과 같이 이야기했다.

"우주가 시작될 때는 허수의 시간이 존재하다가 이후 실수의 시간으로 바뀌었다."

호킹 박사가 말하는 허수의 시간이란 모든 힘의 방향이 반대되는 시간을 뜻한다. 즉, 실수의 시간에서는 사과나무에서 사과가 아래로 떨어지지만, 허수의 시간에서는 위로 떨어지게 된다.

게임 종료

"괜찮으십니까?"

네르가 일어나 처음 한 말이었다. 대체 누가 누굴 걱정하는 건지. 진은 씩 웃으며 말했다.

"그 말 그대로 돌려드릴게요. 괜찮으신 거죠?"

"네, 당연히."

진은 안도의 한숨을 쉬었다.

"그럼 쉬고 계세요. 이제 전 친구들에게 돌아가 볼게요."

진의 말에 네르가 고개를 저으며 답했다.

"아닙니다. 같이 가시지요."

티아가 네르를 부축해 일으켜 세웠다. 네 사람은 암무트의 방으로 향했다.

강훈이는 진이 돌아온 것도 눈치채지 못한 듯 정신없이 게임을 하고 있었다. 온몸에 흐른 땀 때문에 머리며 옷이며 축축하게 젖은 상태였다. 에스의 몸은 가슴까지 굳어 있었고, 휘경이는 겁에 질린 상준이를 달래느라 여념이 없었다.

"이런, 친구분들을 먼저 해결해 드려야겠군요. 보관함!"

티아가 인상을 찌푸리며 말했다.

티아는 자신의 보관함에서 노트북을 꺼내 허공에 띄워 놓았다. 진은 노트북에 관해 묻고 싶었지만 아무 말도 하지 않았다. 괜히 시간을 끌어 친구들을 힘들게 하고 싶지 않았기 때문이다. 티아가 노트북에 무언가를 입력하면서 진에게 말했다.

"다행히 마스터 기능을 사용할 수 있게 되었네요. 지금 이 공간의 미션만 부분 종료를 시도하고 있습니다. 이 미션 전체가 해킹당한 건 아니니까 친구분들은 곧 괜찮아질 겁니다."

티아가 말을 끝내기도 전에 에스의 몸이 가슴부터 천천히 원래대로 돌아오기 시작했다. 곧 돌로 굳었던 부분이 모두 사라졌다.

"강훈아! 에스 몸이 원래대로 돌아왔어!"

휘경이가 외쳤다.

"뭐라고?"

강훈이가 고개를 돌려 확인하더니 그대로 풀썩 주저앉았다. 긴장이 풀린 것이다. 강훈이가 울먹거리며 말했다.

"흑, 얼마나 무서웠는지 알아? 아, 진짜."

"잘했어. 강훈아, 고마워."

진이 달려가 강훈이를 일으켜 주었다. 아이들이 어느 정도 진정된 후 진은 친구들에게 상황을 설명하고, 네르와 티아를 소개해 주었다.

잠시 후, 공간 전체에 안내 방송이 울려 퍼졌다.

"티아 님, 네르 님, 해킹도 멈췄고 시스템도 완전히 복구했습니다. 게임에 남은 인원 모두 종료 가능합니다."

네르가 고개를 끄덕이더니 진을 보며 말했다.

"이번 게임은 죄송했습니다. 상준 님께도 정말 죄송해요. 많이 놀라셨죠?"

네르는 허리를 숙이더니 상준이를 향해 말했다. 상준이는 아무 대답 없이 휘경이 등 뒤로 숨었다.

네르는 살짝 미소를 지으며 진에게 말했다.

"다음에는 이런 일이 없도록 보안을 강화하겠습니다. 리드, 그러니까 내부 첩자도 잡았으니 이제 큰 문제는 없을 겁니다."

진이 아무 대답 없이 친구들을 쓱 한번 훑어보았다. 그리고 네르에게 말했다.

"아니요. 다음은 없어요."

"네? 그게 무슨."

"전 이제 더는 수학 플레이어를 하지 않을 거니까요."

깜짝 놀란 네르와 티아가 진을 바라보았다.

진이 씩 웃으며 말했다.

"저도 좋은 수학자가 되고 싶기도 하고, 수학 플레이어도 너무 재미있었어요. 하지만 이런 식으로 저와 제 가족들, 친구들을 위험하게 할 수는 없어요. 그리고……."

진은 잠시 말을 멈추었다. 참지 못하고 네르가 되물었다.

"그리고?"

"전 네르가 알고 있는 미래의 진 박사가 되기 위해 살고 싶지 않아요. 솔직히 말하면 수학 플레이어를 하기 전까지 수학이 재미있다고 느낀 적도 없었고, 수학자가 되고 싶다고 생각해본 적도 없어요. 제가 뭘 좋아하는지, 뭘 잘하는지 스스로 찾아보고 싶어요."

네르는 당황한 듯 말을 잇지 못했다. 침묵을 깬 건 티아였다.

"네르, 이제 솔직하게 말씀드려요. 그리고 진 박사님 말씀이 맞아요. 검은 천사들이 다음에는 또 어떤 식으로 이 세계에 개입할지 모릅니다. 우리가 해야 할 일은 세 분이 스스로 길을 찾으시도록 놓아드리는 일이에요.

"티…… 티아 님."

티아가 차분하게 말을 이었다.

"아까 두 분께 약속드렸죠? 모든 사실을 숨김없이 말씀드리기로. 저희는 세 분이 살고 계신 세계가 저희 세계의 과거가 아니라는 사실을 알게 되었습니다. 검은 천사들은 과거에 개입하면서 미래가 바뀔 거라고 믿었지만, 저희가 사는 세상은 그대로였어요. 그래서 저희는 깨달았지요. 여러분이 사는 세상은 우리의 과거와 많이 닮아 있지만 시간으로 연결되어 있지는 않다는 것을요."

진과 윤경이는 서로를 마주 보았다. 진이 예상한 대로 네르와 티아는 다른 시간의 기차를 타고 있었던 것이었다.

"그걸 언제 확실하게 알게 된 거죠?"

진의 물음에 네르가 입을 열었다.

"사실 오래되었습니다. 진 박사님의 부모님이 돌아가신 직후입니다. 진 박사님이 수학자가 되는 데 가장 큰 영향을 준 두 분이 돌아가셨음에도 불구하고 미래의 진 박사님은 그대로였지요. 부모님과의 추억도 사라지지 않았고요. 그때부터 의심하기 시작했습니다."

"그런데 왜 저에게 수학 플레이어를 시킨 거예요? 아무 상관 없는 과거라면서요. 왜 2년이나 지난 지금에서야 수학 플레이어를 알려준 건가요?"

진의 물음에 네르가 답했다.

"가장 큰 이유는 윤경 님을 구하는 것이었습니다. 아무리 지금 저희의 세상과 무관하다고 해도 저희 때문에 그렇게 되신 거니까, 책임감을 느꼈어요. 하지만 저희가 의식을 잃은 윤경 님의 신체에 접촉해 수학 플레이어에 접속한 후 약을 투여할 방법은 없었습니다. 그래서 진 박사님이 필요했습니다. 그리고……"

"그리고?"

진이 재촉하듯 물었다.

"걱정이 됐거든요. 사야프 때문에 고통을 받는 세 분이 원래대로 잘 성장하실 수 있게 도와드려야 한다고 생각했습니다. 제가 오만했습니다. 티아 님은 윤경 님을 구한 순간 멈춰야 한다고, 세 분이 자신의 삶을 살도록 보내드려야 한다고 하셨는데 제가 우겨서…… 결국 오늘 같은 일도 벌어지고 말았습니다."

진은 네르의 표정에서 그가 얼마나 미안해하고 있는지를 느낄 수 있었다. 아무 감정이 없는 것처럼 보이기만 했던 네르에게서 처음 보는 표정이었다.

"결정은 저도 같이 했습니다. 보호한다는 명목으로 더 위험한 상황을 겪게 해 드려 정말 죄송합니다."

티아가 차분한 얼굴로 말했다. 진과 윤경이는 생각에 잠긴 듯 잠시 아무 말이 없었다. 침묵을 깬 사람은 진이었다.

"그럼 저희의 미래가 어떻게 될지는 정말 아무도 모르는 거네요? 핵전쟁이 일어나지 않을 수도 있고, 제가 수학자가 되지 않을 수도 있고 말이에요."

"……"

진은 네르와 티아의 침묵이 동의를 의미한다는 것을 알아챘다. 진은 두 사람을 똑바로 쳐다보았다.

"이제 더 이상 저와 친구들을 보호하려고 하지 마세요. 저희를 원하는 대로 키우려고 하지도 마시고요. 미래에 대해 알고 싶지도 않고, 어떻게 될지도 모르는 미래를 겁내면서 살고 싶지 않아요. 저와 친구들이 위험에 빠지는 것도 싫고, 나의 의지와 상관없이 네르가 원하는 어른이 되기도 싫어요."

말을 마친 진은 윤경이를 바라보았다. 잠시 진과 눈빛을 주고받은 후 윤경이도 입을 열었다.

"진의 말이 맞아요. 우리는 그저 우리가 행복해지기 위해 스스로 결정하는 삶을 살고 싶어요. 두 분이 걱정해 주신 건 감사하지만, 앞으로는 저희 힘으로 해 볼게요."

네르가 침착하게 답했다.

"네, 두 분의 뜻이 그러시다면…… 알겠습니다. 상준 님도 같은 생각이신 거죠?"

휘경이 뒤에 숨어 있던 상준이도 작게 고개를 끄덕였다.

"다만 사야프와 검은 천사들이 저희 세계에 개입하지 못하게 막아 주세요. 대신 저는 수학자가 되든 안 되든 더 나은 미래를 만들도록 최선을 다해 열심히 살게요."

진이 말했다.

"네, 그건 약속드리겠습니다. 다시는 이 세계의 사람들에게 개입하지 못하도록 꼭 막겠습니다."

"고맙습니다."

"이번 게임이 종료되면 수학 플레이어는 그 누구도 접속할 수 없도록 막아 두겠습니다. 현재로서는 수학 플레이어가 검은 천사들이 세 분께 접근하는 주요한 경로이니까요."

"네, 두 분 모두 그동안 고마웠어요. 그래도 수학 플레이어 덕분에 좋은 친구들을 만났어요."

진이 인사를 건넸다. 어느새 눈물이 그렁그렁하게 맺힌 눈으로 아이들을 바라보고 있는 티아는 코끝이 빨개져 있었다.

뒤쪽에 조용히 있던 에스가 입을 열었다.

"진, 학교에서 또 보겠지만 할아버지 말고 어린 네가 보고 싶을 거야. 재미있었어. 나중에 너 나이 들어서 혹시라도 나를 다시 만나게 된다면 꼭 알은체해 줘. 너의 세계의 난 너를 모를 테니까."

"그래."

진이 미소 지으며 대답했다.

네르가 아쉬움이 담긴 목소리로 말했다.

"그럼 이제 게임을 종료하겠습니다."

"아! 맞다. 죄송한데 하루만 더 있다가 수학 플레이어를 멈춰 주시겠어요?"

진이 말했다.

"하루만요?"

"네, 내일 하루만."

"무슨 특별한 이유가 있으십니까?"

"아직 다 못 쓴 아이템이 있어서요."

진의 뜻을 알아차린 듯 네르와 티아가 환하게 미소를 지었다. 윤경이는 이해할 수 없다는 표정으로 고개를 갸우뚱했다.

"알겠습니다. 그럼, 이제 정말 종료하도록 하겠습니다. 종료!"

네르의 외침에 하얀빛이 모두를 감쌌다.

게임 속에서는 정말 긴 시간이 흘렀건만, 현실로 돌아오니 아직 한밤중이었다.

아이들은 다 같이 진의 방에 모여 무사히 돌아온 기쁨, 모험의 짜릿함에 관한 이야기를 나누었다. 특히 강훈이는 자기 자랑을 하느라 숨도 안 쉬고 떠들어 댔다.

"야, 내가 진짜 그 테트리스 할 때 말이야. 정말 나 아니었으면 다 죽었어. 진짜 손이 덜덜 떨리는데……."

"그래그래, 고맙다. 근데 그 입은 도대체 언제 쉬냐? 피곤하지도 않냐?"

윤경이가 장난스럽게 핀잔을 주었지만, 강훈이는 들은 척도 않고 말을 이었다. 결국 아이들은 모두 밤을 꼬박 새웠다. 아침이 되어 강훈이와 휘경이는 벌게진 눈을 비비며 집으로 돌아갔다. 문 앞에서 두 사람을 배웅하고 들어가는 윤경이에게 진이 말했다.

"윤경아, 이따 나랑 같이 어디 좀 가 줄래?"

"어디?"

"병원."

"병원?"

"상준이 부모님께서 수학 플레이어 때문에 병원에 계신다고 했잖아. 혹시 나한테 남은 유전자 치료제를 사용할 수 있을까 해서."

"아! 두 분도 나랑 똑같은 상황일 수도 있겠구나!"

윤경이는 기꺼이 진과 동행했다.

며칠 후 뉴스는 지난 2년간 의식을 잃었다 동시에 깨어난 부부에 관한 이야기로 떠들썩했다. 진과 윤경이는 한옥집 마루에 함께 앉아 뉴스를 봤다. 모자이크로 얼굴이 가려져 있었지만 부부 사이에서 환하게 웃고 있는 아이는 분명 상준이였다.

자기만의 답을 찾아서

하얀 눈이 교정을 덮은 어느 날, 수업이 모두 끝난 후 담임 선생님은 진과 태민이를 상담실로 불렀다. 지난주에 있었던 수학 경시대회 결과를 전달해야 했기 때문이다. 대회 우승자는 수학 영재원에 입학할 자격을 주는 학교장 추천서를 받기로 되어 있었다. 어제 그 결과에 대한 교직원 회의가 열렸다.

각 학년의 수학 교과를 담당하는 선생님들이 모두 회의실에 모였다. 수학 경시대회를 주관한 부장 선생님이 진과 태민이의 시험지를 책상 가운데 펼쳐 놓고 말했다.

"1차 가채점 결과 태민이와 진이 가장 높은 점수를 받았습니다. 공교롭게도 둘의 점수가 같군요. 둘 다 경시대회 금상을 받겠지만, 추천서는 각 학교당 한 장만 줄 수 있으니 둘 중 누가 받을지 결정해야 합니다."

회의에 참여한 선생님들이 고개를 끄덕이며 태민이와 진의 답안지를 살펴보았다.

"모두들 복사해서 나눠 드린 답안지 보셨지요? 그럼 1번 문제의 답부터 비교해 봅시다. 1번 문제는 동물 인형들의 공통점을 찾는 것이군요."

1. 다음 동물 인형들의 공통점을 한 가지 찾아 쓰세요.

"태민이는 '포유류이자 척추동물인 토끼, 사슴, 개를 의인화했다는 공통점이 있다. 동물들이 야구 배트를 들고 서 있는 인형이라는 것 또한 공통점이다.'라고 쓴 반면, 진은 '각각의 인형은 1개이다.'라고 간단하게 썼군요. 김 선생님, 누가 봐도 태민이가 더 구체적으로 잘 썼는데 같은 점수를 주신 이유가 있나요?"

4학년 수학 담당 선생님이 1차 가채점을 담당한 진과 태민이의 담임 선생님에게 물었다.

"1이라는 공통점을 찾아내는 것은 수학에서 아주 중요한 능력으로 알고 있습니다. 1이라는 수는 사실 어려운 개념이에요. 하늘의 태양도 바다도 모두 1로 나타낼 수 있지요. 서로 다른 측면을 모두 제거했을 때 남는 변하지 않는 본질, 그게 수 1입니다. 이 그림들을 보고 직관적으로 1을 떠올렸다면 진의 수학적 재능이 뛰어난 것으로 추측할 수 있어요."

담임 선생님이 차분한 목소리로 대답했다.

"음, 그건 선생님께서 너무 답안을 좋게 해석해 주신 거 아닌가 싶은데요. 김 선생님께서 수학을 전공하셔서 과하게 수학적으로 의미를 부여하신 거 아닌가요? 진이 그렇게까지 깊이 생각했다고 볼 근거는 없는 것 같은데……. 다른 분들은 어떻게 보셨나요?"

부장 선생님이 물었지만 다른 선생님들은 아무 답이 없었다. 부장 선생님의 의견에 동의한다는 뜻이었다.

"일단 다음 문제로 넘어갑시다."

2. 그림과 같은 물건들이 있습니다. 이 물건들을 모양이 비슷한 것끼리 묶어 보고, 그렇게 묶은 이유를 쓰세요.

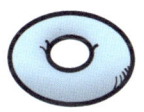   

"답을 보면 진은 구멍이 있고 없는 것을 기준으로 물건을 분류했네요. 참신하긴 하지만 도형의 전체적인 모양으로 분류하는 게 이 문항에서 요구한 것이니 잘못 접근한 것 같습니다. 답이 틀린 것 같은데요."

부장 선생님이 말했다.

"*실제 위상 수학이라는 분야에서는 구멍의 개수로 도형을 분류하기도 합니다.*"

담임 선생님이 대답했다.

"진이 위상 수학을 공부했다는 건가요? 아니, 그렇다 쳐도 초등학교 수준에서 상위 학년의 풀이 방법을 잘했다고 인정해 줄 수는 없습니다. 그러면 너도나도 학원에 다니거나 과외를 받으려고 할 거예요."

부장 선생님이 말했다.

"아니요, 진은 혼자 공부하는 것으로 알고 있습니다."

"그건 중요한 게 아니에요. 이게 초등 수준에서 맞는 답인가 하는 거지요. 제가 보기에는 예시 답안과도 다르고 굳이 선행 내용을 답으로 인정해야 할 이유를 모르겠습니다."

부장 선생님이 회의적으로 말했다.

"부장 선생님, 진의 답은 틀린 것이 아니라 다른 것뿐입니다. 수학적으로 전혀 틀리지도 않았고요."

담임 선생님의 목소리가 조금 높아졌다.

"큼큼. 다른 분들의 의견은 어떠신가요?"

담임 선생님이 보기에 진의 풀이와 답은 기발했고 수학적 재능을 나타내기에 충분했다. 반면 태민이는 흠잡을 데 없는 풀이와 답을 썼지만 마치 수학 문제집 풀이를 베껴 놓은 듯 참신함이 없었다. 하지만 부장 선생님을 비롯한 다른 선생님들의 의견은 달랐다. 긴 회의 끝에 공정하게 평가하려면 누가 봐도 객관적으로 문제를 잘 풀었다고 느껴야 한다는 이유로 태민이에게 추천서를 주기로 결정되었다.

지난 회의를 떠올리던 담인 선생님은 머리가 지끈거리는 느낌이었다. 영재원은 문제를 잘 푸는 아이가 아니라 수학적 재능이 있는 아이들이 가야 하는 곳인데……. 선생님은 작게 한숨을 내쉬었다.

그때였다. 상담실의 문이 열리고 진과 태민이가 들어왔다. 선생님은 황급히 어두운 표정을 감추고 아이들을 맞이했다.

"어서 와. 여기 앉으렴."

진과 태민이가 자리에 앉았다.

"얘들아, 정말 축하해. 너희 둘이 이번 수학 경시대회 공동 우승이야! 우리 반에서 우승자가 두 명이나 나오다니 정말 대단하다!"

"뭐라고요? 공동 우승이요?"

태민이가 자리에서 벌떡 일어나면서 크게 소리쳤다. 공동 우승이라는 말에 황당하다는 표정이었다. 선생님은 마치 이런 반응을 예상했다는 듯 태민이의 태도에 아랑곳하지 않고 말을 이었다.

"그래, 너희 둘 다 만점을 받았어. 잘했다."

태민이는 잠깐 진을 흘겨보고는 억지로 자리에 다시 앉았다.

"당연히 수학 경시대회의 상은 둘 다 금상으로 받게 될 거야. 그런데 말이야, 이번 경시대회 결과로 학교에서 영재원 추천서를 써 주는 건 알고 있지? 학교당 한 명의 추천서만 쓸 수 있단다. 그래서 말인데 왜 영재원에 가고 싶은지 말해 줄 수 있겠니?"

선생님이 조심스럽게 물었다.

"이 대답으로 영재원 추천서가 결정되나요?"

태민이가 퉁명스럽게 물었다.

"아니, 그건 아니야. 이미 누구에게 줄지는 정해졌단다. 그냥 선생님이 궁금해서. 대답해 줄 수 있겠니?"

선생님의 물음에 태민이가 짜증스러운 목소리로 대답했다.

"왜긴요, 스펙 쌓으러 가지요. 생활기록부에 한 줄 넣어야 하니까요. 그리고 인맥도 쌓고. 영재원에는 어느 정도 하는 애들이 모일 텐데 그 애들 수준을 알면 제가 어떤 레벨인지 파악이 되지 않겠어요? 공부하는 데 긴장감도 생기고요."

진은 눈이 동그래져서 태민이를 쳐다봤다. 그게, 그렇게 대답해도 되는 건가? 진은 태민이가 공동 우승을 했다는 소식에 화가 나서 정신을 놓은 게 아닌가 싶었다. 진은 곁눈질로 선생님을 쓱 쳐다봤다. 표정에 아무 변화가 없었기에 무슨 생각을 하는지 알 수 없었다. 하긴, 선생님은 태민이의 실체를 진작에 파악하고 있었을 것이다.

"수학이 재미있다거나 더 공부해 보고 싶은 건 아니고?"

선생님이 다시 태민이에게 질문했다. 한번 말문이 트인 태민이는 거리낌 없이 속내를 털어놓았다.

"수학이 재미있다니 그런 말도 안 되는 이야기가 어디 있어요. 다들 억지로 참고 하는 거 아니에요? 수능 1등급 받아야 하니까. 수학자가 돈을 많이 버는 세상도 아닌데 수학을 더 공부해야 할 필요가 뭐가 있겠어요. 전 대학 가면 수학 절대 안 할 거예요."

태민이의 말에 선생님의 표정이 굳어졌다.

"그래, 알았다. 진은? 진은 왜 영재원에 가고 싶니?"

진이 대답했다.

"그냥 궁금해요. 수학을 하면 똑똑해지고 세상이 다르게 보인다니까, 도대체 뭐가 달라지는지 알아보고 싶어요. 아직 전 그 세상을 보지 못했으니까요."

태민이는 선생님이 앞에 있다는 걸 잊은 건지 아니면 신경 쓰지 않는 건지, 진을 향해 비아냥거렸다.

"야, 수학을 해서 머리가 똑똑해지는 게 아니라 그냥 똑똑한 애들이 수학을 잘하는 거야. 넌 백날 해도 안 돼."

"태민아."

선생님이 엄한 목소리로 태민이를 불렀다. 태민이는 입을 꾹 다물었고, 진도 아무 말 하지 않았다. 선생님은 한숨을 쉬더니 태민이를 보며 말했다.

"이번 추천서는 태민이한테 주기로 했어."

태민이의 얼굴에 미소가 번져 나갔다. 이럴 줄 알았다는 듯 으스대는 표정으로 진을 바라보았다.

"하지만 둘의 점수는 똑같았어. 둘 다 잘 풀었는데 풀이 과정에서 태민이가 조금 더 예시 답안에 가깝게 써서 이렇게 결정된 거야."

선생님이 말했다. 하지만 이미 승리의 기쁨을 만끽하고 있는 태민이는 선생님의 설명이 귀에 들리지도 않는 듯했다.

"선생님, 죄송한데 저 먼저 가도 될까요?"

"그, 그래. 그러렴."

태민이는 선생님에게 인사도 제대로 안 하고 상담실 밖으로 뛰어나갔다. 문을 닫기도 전에 주머니에서 핸드폰부터 꺼내는 걸 보니 자랑하고 싶어서 안달이 난 모양이다. 진도 주섬주섬 가방을 챙겨 들었다.

"진, 잠깐 앉아 볼래?"

선생님이 진을 불러 세웠다.

"네."

진은 담담한 표정으로 다시 자리에 앉았다.

"아이큐 테스트 알고 있지?"

"아이큐 테스트요? 똑똑한 거 검사하는 거요?"

뜻밖의 이야기에 진의 눈이 동그래졌다.

"심리학자들이 아프리카 라이베리아에 있는 어느 부족의 아이큐 테스트를 한 연구가 있단다. 학자들은 부족에게 감자, 식칼, 바구니, 옷 그림을 보여 준 다음 이것들을 적절하게 분류하고 그 이유를 설명해 보라고 했어. 원래 이 테스트의 답은 음식인 감자와 음식이 아닌 식칼, 바구니, 옷을 구분하는 것이었지. 그런데 부족 사람들은 감자를 자르는 데 칼이 필요하니까 감자와 식칼을 한 범주에 넣고, 옷과 옷을 담을 바구니를 한 범주에 넣었단다. 심리학자들이 원래의 답을 알려 주자 부족들은 세상에 그런 바보스러운 답이 어디 있냐고 비웃었어. 그러니까…… 선생님이 하고 싶은 말은, 수학을 포함해서 세상의 모든 학문에 정해진 답이라는 것은 없다는 거야. 논리적으로 설명할 수 있다면 모든 것이 답이 될 수 있지."

흥미진진하게 이야기를 듣고 있던 진이 의아한 표정으로 물었다.

"그런데 왜 그런 말씀을 저에게 해 주시는 건가요?"

"태민이의 답은 시험 출제자의 예시 답안과 상당히 비슷했어. 너의 답은 예시 답안과는 달랐지만, 라이베리아 부족의 답처럼 타당한 근거가 있었지. 좋은 수학 문제는 여러 가지 풀이 방법과 다양한 답이 존재한다는 거 기억하고 있지? 그러니까 네가 푼 방법이 다른 사람들의 마음에 들지 않는다고 해서 네가 못했다는 뜻은 아니야. 그건 그냥 그 사람들의 생각일 뿐이니까. 이번 같은 선발 시험에서는 더 많은 사람이 좋아하는 답, 혹은 원하는 답을 쓰는 게 더 유리했던 것뿐이란다."

진이 생각에 잠긴 듯 아무 대답이 없자 선생님이 다시 말을 이어 나갔다.

"진, 선생님이 보기에 진은 빛나는 재능을 가지고 있어. 씨앗에서 싹이 나고 꽃이 피듯 너의 재능이 자연스럽게 피어날 때까지 물과 햇빛을 주면서 기다리면 좋겠구나. 억지로 꽃을 빨리 피우려고 물을 많이 주면 썩어 버리니까. 누가 이기고 지는지도, 시험에서 얼마나 높은 점수를 받는 지도 중요하지 않아.

지금은 이것저것 다 경험해 보고 너를 발전시키는 시기란다."

선생님은 가만히 진의 손을 잡아 주었다.

"네, 감사합니다."

진은 선생님에게 꾸벅 인사를 하고 상담실을 나왔다. 학교 현관에서 운동화로 갈아 신으려는데 누군가 진의 등을 툭 치며 물었다.

"수학 경시대회 결과 나왔어?"

윤경이였다.

"응. 공동 우승인데, 추천서는 태민이 준대."

진이 대수롭지 않게 말했다.

"그럼 안 되지. 왜? 왜? 우리 진이 섭섭하게."

어느새 나타난 강훈이가 진에게 어깨동무를 하며 실실거렸다. 위로를 하는 건지 놀리는 건지. 진은 강훈이의 팔을 쳐내며 말했다.

"아, 진짜. 징그럽게 왜 이래."

진은 누군가를 찾는 듯 슬쩍 주위를 살펴보았다. 눈치 빠른 윤경이가 말했다.

"휘경이는 학원에 있지. 어째 예중 합격한 후로 더 바쁜 것 같아."

"뭘, 누가 물어봤나."

진이 괜히 퉁명스레 대답했다. 강훈이가 운동장에서 누군가를 발견한 듯 외쳤다.

"야, 기다려! 진, 미안하지만 오늘은 너랑 놀아 줄 수가 없구나. 이 형님은 중요한 배틀이 있어서 먼저 간다!"

진이 대꾸하기도 전에 강훈이는 진과 윤경이에게 간단히 인사하고 황급히 자리를 떠났다.

자기 할 말만 하고 사라지는 강훈이를 보며 윤경이가 중얼거렸다.

"한결같군."

진이 피식 웃으며 대답했다.

"그러게."

"뭐, 어쨌거나 아쉽게 됐네. 영재원 가 보는 것도 좋을 것 같았는데."

"할 수 없지. 윤경이 네가 대회에 나왔으면 어차피 너한테 졌을 텐데."

진의 웃으며 말하자 윤경이가 눈을 흘겼다.

"뭐래."

"괜찮아. 솔직히 나는 시험에 응시한 것도 대단하다고 생각해. 1년 전이라면 경시대회 나가는 건 꿈도 못 꿨을 거야. 그리고 아직은 수학자가 되기로 결정한 것도 아니고. 뭐든 도전해 보는 중이니까."

"오. 많이 컸네."

"초등학생인데 벌써 진로를 결정할 필요는 없는 것 같아. 엄마 아빠도 그래서 공부 말고 이것저것 시켜 주셨을 거야. 그게다 수학하고 관련이 있다는 걸 수학 플레이어를 통해 알게 되기는 했지만."

"그래, 이 누나가 이제 걱정이 없다."

윤경이가 놀리듯 말했다.

둘은 눈 쌓인 운동장을 걷기 시작했다. 뽀드득뽀드득 눈 밟는 소리가 듣기 좋았다. 진은 습관적으로 주머니의 핸드폰을 만지작거렸다. 리드와의 사건 이후 수학 플레이어는 멈춰 있었지만, 진은 매일 이 핸드폰을 가지고 다녔다. 가만히 걸어가던 윤경이가 말했다.

"미래의 사람들은 괜찮은 거겠지?"

"그렇겠지? 그냥 잘 지내려니 하고 믿어야지 뭐."

수학 플레이어 속의 모험이 마치 한여름 밤의 꿈이었던 것처럼 진과 윤경이는 일상으로 돌아왔다. 진이 무언가 떠오른 듯 윤경이에게 물었다.

"아, 상준이 소식 들은 거 있어?"

"응. 얼마 전에 찾아갔는데 잘 지내더라. 부모님도 완전히 건강해지셨고. 그래도 아직 우리를 보고 싶지는 않대. 다시 미래의 사람들이 찾아올까 봐 겁난다고."

"당연히 무섭겠지. 상준이도 빨리 안정되면 좋겠다."

"곧 좋아지겠지."

진과 윤경이는 다시 아무 말 없이 걸었다. 진은 수학 플레이어와 그 속에서 만난 사람들을 자주 떠올렸다. 그립지만 만날 수 없는 사람들.

"수학 플레이어를 다시 하고 싶지는 않아?"

윤경이가 물었다.

"하고 싶지 당연히. 너는?"

"나도 하고 싶어. 재미있었잖아. 강훈이도 혹시 우리끼리 몰래 하는 거 아니냐고 물어보더라."

"역시 강훈이네."

진이 작게 웃으며 말했다. 윤경이가 다시 말을 꺼냈다.

"혹시 수학 플레이어 그만두겠다고 한 거 후회해?"

진이 아무 말 없이 윤경이를 바라보았다.

"후회될 때도 있지. 재미도 재미지만 지금 내 상황이 좀 막연해졌달까? 수학 플레이어를 할 때는 게임이 시키는 공부만 하면 됐었는데 이제 내가 뭘 좋아하는지 뭘 잘하는지 스스로 찾아야 하니까 어려운 것 같아. 그 과정이 게임처럼 재미있는 것도 아니고. 지겹고 뭐 그렇지. 하지만……"

"하지만?"

"그래도 그만두기를 잘한 거 같아. 게임할 때는 재미있어서 몰랐는데 게임을 멈추고 나니 알겠어. 난 수학 플레이어 안의 캐릭터처럼 살고 싶지는 않은 거 같아."

"그러게. 미래를 아는 것도 생각보다 재미없었고."

윤경이가 동조의 의미로 고개를 끄덕였다.

"하지만, 역시나 아쉽기는 해."

진이 웃으며 말했다.

"재미있기는 했지."

둘은 다시 말없이 걸었다. 아쉽지만 잘한 결정이라고 스스로 다독이면서. 그때였다.

부르르르르.

교문을 막 벗어나려던 찰나, 진의 주머니에서 핸드폰의 진동이 느껴졌다.

'뭐지? 이럴 리가 없는데.'

진은 당황한 손길로 핸드폰을 꺼냈다. 윤경이도 어딘가에서 연락이 왔는지 핸드폰에서 소리가 났다. 두 사람은 각자 핸드폰을 확인하고 휘둥그레진 눈으로 서로를 바라보았다.

"이게 뭐야? 너도 받았어?"

윤경이가 떨리는 손으로 핸드폰을 보여 주었다. 핸드폰에는 파란 창이 떠 있었다.

수학 플레이어를 하시겠습니까?
[수락] [거절]

> 수학 노트

수학의 추상성

여러 가지 다른 물건들 사이에서 다른 점은 제외하고 공통적인 부분만 찾아내 수학적인 형태로 생각해 내는 것을 '추상화'라고 한다. 추상화와 관련한 수학의 성격, 즉 '추상성'은 수학의 가장 중요한 특징 중 하나다. 1, 2, 3…과 같은 수는 수학의 추상성을 보여 주는 대표적인 예이다. 거대한 태양도, 코끼리 1마리도, 작은 점 1개도, 우리가 사는 지구도 색, 크기, 형태 등을 모두 제거한 공통점은 1이 된다.

도형 역시 추상화를 통해 정의한다. 예를 들어, 직육면체를 약속하는 과정을 살펴보면 다음과 같다. 사람들은 일상생활 속에서 쉽게 접할 수 있는 냉장고, 과자 상자, 선물 상자 등을 살펴보면서 이 물건들의 차이점과 공통점을 생각한다. 이때 차이점은 눈으로 보이는 것과 그렇지 않은 것을 모두 포함한다. 이후 여러 가지 물건들 사이에 다양한 차이점들을 모두 제거한 후 마지막에 남는 공통적인 형태를 상상한다. 이러한 추상화 과정을 거쳐 색도 질감도 없는 상상 속의 도형인 직육면체를 정의한다.

작가의 말

 진과 친구들의 수학 모험이 마무리되었습니다. 제가 이 책을 집필하면서 고민한 점은 두 가지였습니다. '수학이 다양하게 활용되는 것을 어떻게 보여 줄 수 있을까?' 그리고 '수학은 단순히 주어진 문제를 풀어 정답을 찾는 학문이 아니라는 것을 어떻게 이야기할 수 있을까?'이지요.

 '도전! 수학 플레이어' 시리즈에 나오는 수학 개념과 문제들은 결코 쉬운 내용이 아닙니다. 초등학교와 중학교에서 배우는 내용이 두루 등장하고, 어떤 부분은 고등학교와 대학교에서 배우는 수학을 사용하기도 했지요.

이러한 개념들은 마치 거미줄처럼 서로 복잡하게 연결되어 있습니다. 예를 들어 1, 2권에서는 피타고라스의 정리를 통해 직각삼각형의 특징을 다루며 무리수 개념을 소개했습니다. 무리수는 수의 체계를 이해하는 데 중요한 개념으로, 4권에 등장한 허수와도 연결되지요. 한편 직각삼각형은 3권에서 소개한 사형기하학, 해석기하학으로 이어집니다.

저는 이 시리즈를 통해 수학 개념과 원리는 각 영역별로 따로 떨어져 있지 않다는 것을 말하고 싶었습니다. '도전! 수학 플레이어' 시리즈의 각 권은 다양한 수학 개념과 원리를 다루고 있지만, 그 개념들은 독립적으로 존재하는 것이 아니라 모두 연결되어 있습니다. 여러분이 이 시리즈를 통해 학교에서 단원의 구분에 따라 배웠던 수와 식, 도형 등이 실은 연결된 개념이라는 사실을 알게 되었기를 바랍니다. 나아가 좀 더 넓은 시각에서 수학이라는 숲을 바라볼 수 있게 되었기를 바랍니다.

이 책을 읽으면서 새롭게 만난 수학 지식을 한 번에 이해할 필요는 없습니다. 아, 이런 것도 수학이구나, 수학이 이렇게 활용되는구나, 기억하고 있다가 학교에서 관련된 지식을 만났을 때 그 내용을 떠올릴 수 있는 것만으로 충분합니다.

  진은 수학 플레이어를 하면서 '이게 맞는 길일까? 이 문제를 해결하려면 어떻게 해야 할까?' 하고 끊임없이 질문합니다. 또 외톨이였던 과거와 달리 친구들과 함께하는 즐거움을 깨닫지요. 진은 자신도 모르게 그렇게 수학자가 되어 가고 있습니다. 수학은 함께하는 학문입니다. 다른 사람의 생각에 귀 기울이고 그 안에서 자신의 목소리를 낼 수 있어야 하지요. 다른 사람의 의견을 존중하면서도 합리적인 의심을 할 수 있어야 합니다.

  진의 모험을 함께해 주신 모든 분께 감사드립니다. 글을 더 멋지게 꾸며 주신 코익 그림 작가님, 함께 고민해 주신 이현선 편집자님, 이 책을 마무리할 수 있도록 물심양면으로 도와주신 사랑하는 어머니, 감사합니다.

  미래에 멋진 수학자가 될 독자 여러분 덕분에 이 책을 마무리할 수 있었습니다. 이 순간의 모든 분을 응원합니다.

2023년 8월

김리나

도전! 수학 플레이어

④ 자기만의 답을 찾아서

초판 1쇄 발행 • 2023년 8월 11일

지은이 • 김리나
그린이 • 코익
펴낸이 • 강일우
책임편집 • 이현선
조판 • 박지현 황숙화
펴낸곳 • (주)창비
등록 • 1986년 8월 5일 제85호
주소 • 10881 경기도 파주시 회동길 184
전화 • 031-955-3333
팩스 • 영업 031-955-3399 편집 031-955-3400
홈페이지 • www.changbi.com
전자우편 • ya@changbi.com

ⓒ 김리나, 코익 2023
ISBN 978-89-364-3113-6 73410

* 이 책 내용의 전부 또는 일부를 재사용하려면
  반드시 저작권자와 창비 양측의 동의를 받아야 합니다.
* 책값은 뒤표지에 표시되어 있습니다.

현대문예 작가선 · 176
강변 수채화 ▮ 조정일 시집

지 은 이 / 조 정 일
펴 낸 이 / 황 하 택

찍 은 날 / 2024년 9월 2일
펴 낸 날 / 2024년 9월 5일
발 행 처 / 도서출판 현대문예

주   소 / 광주광역시 동구 천변우로 361-6
전   화 / (062)226-3355 팩스 (062)222-7221
cafe.daum.net/ht3355
E-mail / ht3355@hanmail.net

등록번호 / 제05-01-0260호
등록일자 / 2001년 12월 31일

정가 12,000원
ISBN 979-11-94185-01-7(03800)

* 잘못된 책은 구입처에서 바꿔드립니다.

덧없다

헬리콥터 한 대가
하늘을 가로질러 간다
우렁찬 소리 지르며 간다
시선이 모아진다

점점
작아져 간다
그래도
형체는 알 수 있다

어느새
점으로 변신했다
더 작아진다

긴가 민가
순간
하늘이 잡아먹는다

나도
그렇게
되어 가고 있다.

숨겨둔 속옷 주머니 턴다
삭신의 편안 위해 푹신한 걸로
등 기댈 곳은 아득한 맛이 있어야지
저절로 비스듬히 받쳐 줄 줄도 알고
팔 붙잡아 줄 줄도 알아야지
바퀴는 보드랍게 굴러왔는지 갔는지 몰라야지
오래 살려면 실실한 쇠가죽이 낫겠지

떡대가 큼직한 놈이
시부적거리며 쳐들어 온다
작고 초라한 놈은 밀려날 수밖에 없다
이 설움 어디다 하소연할까
쇠침 몇 방이면 실실할 것인데
살아온 정 봐서라도
외양간 쇠죽 쑨 데 화형만은 면케해 주오
바짓가랑이 잡으려 헛손질한다.

퇴출

딱딱한 의자에 오래 앉아 있었더니
엉치가 뻐근하다
일어나 걸으니 상체가 시계추 되어 흔들리고
하체는 오리걸음이다
세월의 흔적 만지고 곱씹어 보지만
삐걱거리기는 매한가지
동거한 지 십 수년 일방적으로 당하기만 해
삐거덕거리기는 피장파장
목다보는 아니더라도 쇠침으로 몇 방 맞으면
괜찮을지 모르겠다만
동거자의 생각은
다른 곳을 여행하고
있는 것 같다

헝클어진 실타래 속을 탈출할 묘책이 없다
언제부터일까
생각은 꽤 오래된 전설처럼 바람에 날리지만
정리되지 않는다
숙고는 아수라 속을 벗어나
뻥 뚫린 신작로에 선다
신선한 공기가 흑백 가르고

수용소의 붉은 담장이 어른거리고
갈색 바람이 쓸쓸히 지나간다

어깨춤을 오그린다

쪼그려 등짝에 붙어 있는 배가
귀가의 두려움과 시소 탄다
꾀죄죄한 얼굴이 삼식이는 아니라고 슬프게
웃는다.

퇴직한 지 보름째

생쥐 눈썹만 한 달이 시루떡 반만 해졌다
눈빛은 보름달에서 그믐달만큼 줄었다
곧 없어질 것 같다
집사람의 몸집은 두 배로 커지고
스피커는 너무 커 천장을 뚫는다
불규칙적으로 울리는 잡음 소리에 고막이 너덜거린다
생각 없이 눈치만 커져 숨소리에도 민감하게 몸 움츠린다

사방이 열려 있지만 갈 곳이 없다

공원 벤치에 쭈그려 앉아 꾸벅꾸벅
뱃속은 옆에 놓인 빈 배낭처럼 풀 죽어 있다
마른 잎사귀 하나 무릎 위에 머물다 떨어지고
쫓겨온 신세에도 졸음이 엄습해 눈감으면
말똥거리는 사연들이 푸른 색깔로 덮인다
중력 없는 하늘과 바다가 뒤섞인다
불안한 여유로움이 난다

늘어진 땅거미가 발끝 두드리면

짜박이 등에 업고 문 앞 서성이기 전에
하청업체 날일꾼 짤리기 전에

안전보다 더 빠르게
조심보다 더 서둘러
아차 하는 순간 잊는 채

안전망 없는 서커스에
목숨 걸고
불을 향해 불나방 날아간다.

어느 전공의 죽음

수만 볼트가 흐르는 전선
더넘스런 지시가 목줄 잡고 있는
해질녘 전봇대 오른다

지는 해 잡으려 오른다고
꼬까신 짜박이가 웃고 있고
날 바라기 한 발 한 발 눈 따라 오른다

언뜻 아래를 보면
목줄 쥔 감독관
헛곳 보고 있지만

혹시나 지적할까 지레 겁먹고
서둘러 거미줄에 줄타기하듯 올라
날개 없이 날아간다

발끝 간지러워 아래 못 보고
손끝 힘 주어 쇠못 붙잡고
죽음보다 무서운 돈 가지러 간다

더 어두워지기 전에

짚의 푹신함과 무명천의 끈기가
반질거려 빛이 나고
순간의 버팀이 선 긋고 올라 음표로 난다.

똬리

둥글납작하게 말아 놓은 짚
무명천이 감싸고 있는 생명줄
이를 악문다

자라목 들어가듯 움푹 들어가
못 견디는 두려움
심장 찢어지듯 누르는 돌덩이
가슴은 압박에 못 이겨 벌어지고
사이에 낀 처절한 신음은 속앓이로 적신다

샛별 뜰 때
큰 다라이 고등어 정수리 밟고
개밥바라기별이 처연하게 비출 때
바뀐 보리쌀이 처진 날개 짓누른다

매끈한 머릿결은
세파에 거칠어지고
구슬픈 땟국이 비지땀으로 흐른다

이 순간만 버티면
뼛속에 사무친 간절함이
머리끝에서 발끝으로 흐른다

별들이 소곤거려 손 내밀면
내일은 꼭 갈 거라 봇짐 쌌다가
아침에 푸른 바다 갈 거냐고 물으면
아무 말 없이 갯가로 마실 나선다

여객선은 천천히 선창에 다다르고
무심한 듯 발걸음이 뒤돌아본다.

완행 여객선

파래 이파리처럼 섬이 파도에 흐느적거리고
흰 물결이 눈을 떴다 감았다 할 때마다
섬의 끝자락이 헐떡인다

매듭 굵은 손이 허리 짚을 때
섬 모롱이 돌아오는 여객선의 얼굴이
희고 곱고 넉넉하다

빙 둘러 시오리길 넘으려나 말려나
구석구석 바위틈 갈퀴질 호미질
세월이 울퉁불퉁 바람이 저울질해 간 갯것들
머리 흔들어 그날 지우고 다시는 생각하지 말자고
댓돌 위 장화와 작은 고무신은
물 적시지 않은 곳으로 떠났지만
바다 깊이 그 사람 두고 갈 수 없다고
일렁이는 파도가 영감 여기 있다고 붙잡아 말하고
틈새에 낀 거북손이 내 손이랑 똑같다고 붙잡고
토방 옆 갯바구니가 그냥 살자고 말한다

햇살 끌어안은 여객선 오며 가자고 부르고
기우는 저녁놀이 갈 거냐고 묻는다

아니 배운 게 그것밖에 없었다
 가는 길은 선창으로 가는 외길뿐
 오르락내리락 조금 틀어져도 도착한 곳은
매 한 가지
 배를 타야 제 맘대로 날지
 훨훨 날수록 바램과 더불어 커지는 불안이
그네타기 한다
 바람이 마음 저울질하고
 입출항 뱃소리가 조인 가슴 들었다 놨다

 건너편 해양대학의 하얀 배
 꿈처럼 다가오며 셋째아들이 떠오른다.

* 동삼동 : 부산 영도섬에 있는 동 이름. 해양대학이
　　　　　마주 보임.

동삼동* 단상

무릎뼈가 툭툭 불거진 좁은 골목길 따라
따개비처럼 붙어 있는 집
제사상 촛불이 갯바람에 <u>흐므적흐므적</u>

선착장은 고무신 같은 배가
밤에 나갔다 새벽에 들어온다
삼 년 전 겨울
화난 파도가 데려간 아버지의 배를
아들이 타고 있다
달무리가 벌그레 달 둘러싸고 운다
기도는 설거지 내내 하늘로 타오르고
싸그락싸그락 몽돌 밀리는 소리 속으로 사라진다
둘째 아들이 원양어선 타고 오륙도 뒤로 떠나간 때도
달의 눈시울이 벌갰다
섬 서편 그곳 바다에도 달이 떴을까
부엌 한쪽에 놓인 정화수 본다
절대로 자식에게는 바닷일 안 시킨다고 했으나
따라다니는 운명 어쩌지 못했다

저울질하지 못한 본능이
강 거슬러 오르고
대세에 밀려 곤두박질친다.

이방인

햇살이 금속에 부딪혀
번쩍 빛이 나고
반사적으로 방아쇠 당긴다

생각의 자리 비워 두고
갈대 흔들림 채워 넣는다
시계추 같은 생각들은
부지런히 움직이지만
다 걸러지고 직선만 남는다

선반 위에 올려놓는
나를 잃어버린 채
가위 바위 없는 보만의 실상을
나와 아무런 상관 없이
별개의 일처럼 무심히 지난다

남 다른 감정이
또 다른 생각이
다른 것일까
내 방식대로 사는 게
잘못된 것일까

불쑥 배 밑에 나타난 커다란 귀염둥이
몸 뒤틀어 돌고 감으며
뱃머리와 같이하며 부리는 끼는 주인 따라
나선다

고래 탐사

가슴이 부푼다
푸른 바다로 노을 잡으러 간다
미끼로 통통 살 오른 검은 함성 만나러 간다

바다는 간지레한 실눈 뜨고 촐싹거린다
어쩌면 만날지도 모른다는 야릇한 기분
모슬포항 떠나
얼마나 더 나가야 만날 수 있을까
뇌리엔

화면 속 파도 거스르는 힘찬 유영이 불쑥 튀어 나온다

뱃머리 우측
희열의 소리가 손가락 따라간다
신나게 들쑥날쑥하며 나가는 번득거림
하늘 나는 담청색 함성은 이내 물속으로 숨는다
조금 더 가까이
적정거리 유지
소란은 탄성에 묻혀 촉을 못 쓴다

조상의 얼 천신 뵙는 곳
돌틈 다람쥐는 눈 끔벅거려
누구냐고 묻고
문드러지는 장승의 쉰 목소리 어서 오라 한다

하늘이 내려오고 땅이 솟아
맞닿은 이곳에 민족의 신당 세우고
신과 인간이 오르락내리락
함께 살고 있다.

삼성궁

깊은 계곡 돌고 돌아
얼마나 왔는지
어디를 지났는지
까마득히 먼 길
신선들은 보이지 않는다
돌면 초록 치맛자락이요
꺾이면 골짜기 깊은 곳에
푸른 보석들
하늘이 내려와 맑디맑아 거룩한데
끝없이 떨어지는 낭떠러지 소삭거리는 저 소리
물소린가 새소린가

수천수만의 돌들이 모여
길이 되고 탑이 되고
한 알의 정성이
한 덩이의 간절함이
쌓이고 쌓여 하늘에 정성이 닿고
눈망울이 너무 선해 차라리 초연하다

신성스런 길 걷고 또 걷고
돌탑 사이 돌고 또 돌고

뱃전으로 튀어 오르락내리락 눈이 아리다
막힘 없이 펼쳐지는 유리 벌판
청잣빛인가 갈맷빛인가
마음이 젖어 물결 탄다

인어의 노랫소리 들리지 않아도
빨려가는 유혹
절벽에 기대어 있는 요트가 손짓한다

포지타노에서 살레르노 잇는 40여 키로미터
신들의 길 지나는 염치 잊은 지 오래
황혼이 잔물결에 젖어 앉으면
레몬맥주잔 위에 풍광이 녹는다.

* 아말피 해안도로; 이탈리아 남부에 있는 해안도로,
유럽인이 제일 가 보고 싶은 곳 1위

아말피 해안도로*

위는 가파른 산
아래는 천 길 낭떠러지 사이로
헝클어진 실처럼
가늘고 굽은 길
아찔함이 주는 희열 타고 간다

지중해의 고요함이 회색빛에서 점점 엷어지는
여명은 햇귀 부르고
작은 어선의 불빛은 점점 사그라들고 있다
깎아지른 절벽에 얹혀 있는 지붕이 볼 붉어지고
날개 있는 사람만이 살 수 있는 곳은
스릴과 비경이 동거하는 패러독스
몇 백 번을 감아 돌아야 건너편 모롱이 돌아설까
굽이쳐 도는 골골들이 멀미하고
괴석은 신비한 만상으로 나타나고 사라진다

쳐다보는 산은 너무 높아 작아지고
바다는 너무 고와 물비늘 들면
살아 은빛으로 퍼덕이는 숭어 떼

적이 침투하면
얼룩 무리 되어 뭉쳐 돌고 꺾으며
빠르게 더 빠르게 초원을 달린다

햇살이 바다 위에 통통거리면
수면 가까이 올라가
잠시 산책을 한다.

고등어

출렁출렁
검푸른 물결이
빠르게 소용돌이치다
굽어 내리치는 거대한 군무

퍼득이는 물살에 새털구름이 날고
가만히 있는 듯 요동치는 예술이
심장을 바구니에 담는다

우르르
내달리는 함성은
황산벌 계백의 기개

때론
바닷속에 숨고
때론
하늘 되어 난다

보일 듯 말 듯
수백만의 무리가
숨바꼭질한다

돌틈에 이끼가 파랗다
파란 틈에
솔씨 하나 싹터 나온다
흡족한 미소가 안타깝다

겸손은 힘들어
겸손은 힘들어
겸손은 힘들어.

겸손은 힘들어

겸손은 힘들어
반복하여 노래한다
스스로 잘났다고 말한다

어머님
애 하는 대로 놔 두세요
교육은 서양화되고
문화는 세계화되고
자본은 만능이 되고 있어요

익은 벼가 고개 숙인 지는 옛날 얘기
뻥튀기 기계 속을 나온 튀밥은
몇 배나 부풀려졌을까

풍선이 날아 오른다
파란색 노란색 빨강색
탱자 가시는 삐쭉이 다가서고

어항 속 금붕어는
긴 꼬리 살랑거리며 헤엄친다
가두어져 있는 줄도 모르고
삐에로의 슬픔도 모르고

이상 시인

이 땅에 울음 터뜨린 후
스물이 채 안 됐을 무렵부터
시간의 괴물이 되었다
판을 깨고 접시는 멀리 던졌다
잠자던 호수는 파도 일으켜 경계 허물고 있다
까마귀가 내려다보는 세상은
장안을 빙글빙글 어지럽게 하여
기어이 토하게 만든다
수학과 양자학까지 동원하여
정돈된 생각을 휘젓고
삼차원 넘어 사차원의 세계로
훨훨 날아다니며 순간 다른 공간에 와 있다
건축이나 그림은 덤이더냐
아픈 몸은 되려 버섯구름으로 폭발하였다
스물 여섯에 다른 세상으로 홀연히 떠난 후
지금까지도 이리저리 짝 맞추어 보고 있다.

6
동삼동 단상

화난 파도가 데려간 아버지의 배를
아들이 타고 있다
달무리가 벌그레 달 둘러싸고 운다
기도는 설거지 내내 하늘로 타오르고
싸그락싸그락 몽돌 밀리는 소리 속으로 사라진다

팬티

그리 길지 않은 시간이 천년이 된 듯

흐르다 씻겨지고

흐르다 벗겨지고

풀죽은 창을 밝히고

새초롬한 밝음이 물기 걷어가면

강을 낀 들녘이 생글거린다.

높디높은 쌍봉산 꼭대기 턱에 걸리면
숨찬 멱줄 우악스런 손이 잡아
태산의 중턱에 매달아 놓는다

힘없는 망태 할매 올려놈 뭣하요
자동으로 썰매 타고
뒷봉산에 걸칠걸
우리 인연 여기까지이니
이제는 놓아 주오

손가락 하나 까닥하면
쌍봉산은 쉽게 넘어
겨울산 스키 타듯
암벽을 하강하듯
사뿐히 내려앉으면
이제는 끝이요

올리면 올려보오
내려온 길 알았으니
벼락치게 내려올걸
이제 그만 미련 버리고
포기함이 어떠오.

팬티의 답가

마네킹 폼 재던 그곳에서
누굴 기다리던 그때가 가장 설레이던 때다
아라비안 궁전도 별빛 푸른 해변도
나래만 펴면 어디든지 갈 수 있으니까

앞은 내 힘으로 오르지 못할 태산이요
뒤는 쌍봉산이 버티고 있어

첫날부터 혼미하여
해롱거리는 별이 혀 내밀고 헐떡거리고 있다

팔자려니 하고 참다 보니
벌써 석삼 년이 기울어가고
괜찮았던 몸매는 그 인간 땜에
밑 터진 헌 바람 되어
아무것이나 마다 않을 지경

솟아오른 복태산은 고래심줄도 못 버티고
세월에 장사 없어 늙은 것을 뉘 탓하랴
힘없이 밀리고
숨 좀 쉬자 도망치면

그러다 정분난 게 소문나면
남사스러워 어쩐다냐
암도 몰래 숨어서
조근조근 타일러나 볼까

어르고 달래도
이미 맘은 콩밭에 있는걸
떠난 정 어찌하지 못하면
잡은 손 슬쩍 놓아
한 발 빼고 다른 쪽 빼면
나와 나는 이별이고
아쉬운 정일랑 덤으로 보내마.

팬티는 그렇게 떠났다

느긋한 봄으로 햇살맞이 가는데
자꾸만 내려가려 한다
붙잡아 올리면 또 내려가고
이게 정말 바람났나
지랑 산 지가 몇 년인데
벌써 떠나려 하다니
당장은 불안하고
생각해 보면 서운하다

둘이 만난 게 잡다한 시장통도 아니고
마네킹이 폼 잡은 메이커 집에서
쇠푼이나 날려가며 인연 맺어
첫날에는 그리 좋아 착 달라붙더니만
얼마를 살았다고
그렇게 변심하고 떠나려 하다니

어찌하면 맘 돌릴까
세탁소에 가 볼까
수선집에 가 볼까
종로에는 정 붙여 주는 데도 있다던데
그리로 가 볼까

산기슭에 묻히다만 나비의 눈
햇살에 부딪혀 껌벅거리면
멀리 희고 고은 풍경이
낭만으로 적셔 오지만

다가서면
걱정과 슬픔 가득한
한숨 덩어리가
허리춤까지 차 올라온다

밤새 먹이 찾다 돌아간
노루의 흔적 따라가는
아이들의 재잘거림
산기슭을 서툴게 빗질한다.

패러독스

나비가 난다
크리스마스 이브날
검은 하늘에
흰 나비가 난다

떼로 날아오는 나비는
하늘 덮는 점령군

제설차가 밀어 보지만
실핏줄 같은 가느다란 선이
숨차 자즈러진다

밤새 날아오는 나비의 부고는
꽃잎 되어 가슴 저미고
삭신의 조각들은
트리의 불빛에 튕겨
반지하 창문에 쌓인다

하늘은 하얀 비늘 벗겨진
나비 날개 잊는 지 오래

굳은 근육 세워 다가선다
창밖엔 자판기에 없던 글자들이 난다
잡으려 하지만 매번 빈손이다
억지 써 본다
삐그덕 마찰음 내며 허물어진다

별들이 하늘에 누워
실눈 뜨고 잔다
영혼이 비커 속으로 빨려 간다
멀건 공이 뜬다
건져내고 싶지만 미끌려 나간다

무얼 어떻게 할까
동살이 붉게 기지개 켜지만
실험실은 아직 한밤중이다.

창가에서

비커에 따른
물을 데운다
걸름망에 거른다
이쁜 음표라도 걸렸나

그래
송사리는 너무 많이 썼어
이무기 어때
아직 보지도 못했는데
그건 지렁이잖아

멍한 하늘은 파란색이다
참새 한 마리
파도 그리며 난다
또 한 마리 난다

자판의 따각거리는 소리
멈춘 지 수시간째
골반뼈가 아려 온다

여기는 휴양지

잡다한 생각들이
지하실 벽에 부딪쳐
스크린을 돌린다
졸리는 듯 아닌 듯

순간
날개는 길어나 허공으로 뻗치고
잠자리 날개처럼 얇은 기억들은 난다

소소한 것들이 그물망으로 엮이고
설키며 헝크러지다
안개 같은 피곤이 회색칠하여
서서히 눈꺼풀을 내린다.

지하 주차장에서

네모난 하얀 출발선에 선다
미세한 긴장감이 흐른다
여긴 출발 신호도 총성도 없다

선 안에 있지만
다른 시간에 있다
출구는 같지만
도착지는 다르다

때가 되면 먼 길 돌아
다시 출구가 입구 되어
돌아온다

등수는
애초부터 세지 않는다
그래도 지쳐 있다

시동 끄면
아늑함이 몰려 온다
흐릿한 형광등이 피곤을 감싸
의자 등받이에 밀쳐 놓는다

우중충한 날이면 더욱 생각나
처량한 가락이
왜 그리 짠하게 고동치는지

토드락거리는 빗소리 밟으며
흘러내리는 노랫소리 씹으며
후줄근한 빗길이 걸어간다.

행숙이

우리 오빠가
중학교만 나왔어도
공무원 뺏지 달고
암만해도 못 살것네
슬픈 가락은 날 궂으면
면사무소로 찾아오곤 했다

봉대산 참꽃 붉어 불에 타던 날
홀라당 빠져 버린 눈먼 사랑
목 길게 빼고 기다리는 믿음이
먼지처럼 부스스 떨어질 때
넋은 머리 헝크리고
땅바닥에 주저앉아 버렸다

바라보는 오빠의 심정은
까마귀 울어 달이 지고
깊은 물 소용돌이 허우적거리다
어찌지 못한 신세
벼랑에 주워 버렸다

아는지 모르는지 알 것도 같아

무당이 칼을 탄다
하얀 종이 위에 놓인 작두날
그 이글거린 눈이 무섭다
숨이 멈추려나 보다

손 잡는다
그녀다
인자하고 자비로운 미소가 이끈다
여러 장의 계약서에 서명하자
조인 목이 풀린다

깃발을 세우고 두툼한 가방을 멘 여자가 퇴장하고
아련한 의식 속에서
기차는 빠르게 다가오고
빵 기적 소리에 정신이 번쩍 든다.

보험 아줌마

멀쩡한 날
처음 보는
아줌마가 왔다
오랜만에 만난 것처럼 반갑게 인사한다
어정쩡하게 인사 받으며 기억 더듬는다

어릴 적 마을 앞 개울에 빠져 허우적거리고
누군가 손 잡아 구해 준다
아줌마의 손이다
기억이 희미해 긴가 민가

몸 어디가 아픈 것 같고 아플 것 같다
무언가 조치해야 할 것 같다
짙은 입술이 쉼 없이 주문 외운다
몽롱하다

청진기를 몸 이곳 저곳에 댄다
가면 쓴 의사는 고개를 갸웃거린다
곧 죽을 것 같다
맥박이 느려지고 호흡이 드물어진다

명주고동

 바위틈
 틈이 깊고 좁을수록 명당이다
 갈퀴 닿지 않게 돌아서 들어가는 자리면 금상첨화
 갑옷은 단단한 석회질로 빙빙 돌아 첨탑 꼭대기에 정점 찍는다
 겉은 윤기 흐른 검은 진주로 밤톨처럼 감싸고
 안은 푸른빛 도는 흰 진주층으로 광채 번지르르
 물 잠방거리면 바위 언덕에 올라
 갈파래 우뭇가사리 톳숲 거닐며
 이것저것 쇼핑하는 재미
 전망 좋은 자리에 앉아 돌이끼로 주전부리하면 꿀맛
 돌돔에 보이지 않게 감성돔에 들키지 않게
 조심이 제일이지
 물이 쓸릴 때면 서서히 골짜기 깊은 곳으로 술래잡기하러 가지
 꼭꼭 숨는 거야
 저벅저벅 발소리
 호미 갈고리 소리
 바구니 자루 덜렁이는 소리
 얼어붙은 발걸음 꼼짝 못하고
 미역잎 속으로 살짝 숨는다.

칡뿌리에 감겨 섞이고 갈잎에 부딪혀 섞이며
남 같은 내가 되었다

올림픽 경기장 색깔들이
저마다 폼 잡고 깃발 높이 올리려고
기를 쓴다

중앙아시아 국가에서 출전한 선수 보며
우리와 닮은 꼴을 찾는다
혹시나 하는 생각은
연필로 그리다 지워진 안개 같은 이들을
더듬어 희미한 온기 찾는다

거미는 저녁노을에 줄을 걸어
유리창에 묶으며
하루가 기울고 있음을 안다

밤이 오면 빛으로 엮은 그물망에
한 마리라도 걸리라는 기도에
거미줄이 파르르 떤다.

중앙아시아가 떠오른다
일제의 탄압 피해 소련으로 갔던
흰옷 입은 난민들

전쟁은 끝났으나
이국민이라는 이유로
지붕 없는 차에 실려 허허망망한 곳에
쓰레기 버리듯 버려졌다

살기 위해 거미줄 같은 천막 치고
흰 깃발 세웠다
헝크러진 머리는 덤불에 걸려 울고
꿰맨 신발에 부끄러이 내민 발가락이 서럽고
빠진 손톱 보며 꺼이꺼이 울었다

모래바람이 불어 깃발 덮으려 하면
구릉 위에 더 높이 펄럭이며 숨쉬는 혼들이
구르고 굴러 긴 세월이 그곳 몽돌이 되었다

머문 것 같던 시간이
긴 삼 끈처럼 질기고 질기게 이어 오며

유리창의 거미

창쪽 보며 운동을 하는데
조그마한 거미가 줄을 친다
부지런히 위로 갔다 아래로 갔다 한다
나는 운동으로 힘이 빠져 가지만
거미는 지친 기색이 없다

어디서 왔을까
알집 터지고 바람 따라 한없이 날다
이곳까지 왔을까

강적에 쫓기어 숨어든 곳이
여기일까
억척스럽게 일하는 모습이 처연하다

여긴 층이 높아
거미의 먹이가 없을 것 같은데
아는지 모르는지

여름날 땡볕 맞아 가며
자기 몸에서 흰 핏줄을 뽑아
한 올 한 올 박음질로 삶의 터전 일군다

멍청한 대가리에 공부는 무슨 공부
　쑤셔 넌다고 들어가냐 쇠귀에 경 읽기제

　그래도 알아내겠다고 머리 싸매고 읽고 또 읽고 코끼리 다리 잡고 사정하고 있는 판이제 이거 머여
　아니제 먼가 숨겨 논 것이 있을 것 같은디

　내가 못 찾을 줄 알고
　보고 생각하고 또 궁리하고
　책장이 빵꾸나게 생겼을 때쯤
　뭔가 기어 들어오는 것이 있어
　안개가 살짝 걷히려고 한다

　미적지근한 햇살이
　발끝에서 다리를 타고 올라온다
　기분이 살랑해진다
　영식이 아부지가 자전거 타고 강둑 길을 신나게 달린다
　내가 시원해진다.

수수께끼

각 신문사에서 매년 연초에
신춘문예 시 당선작을 발표하는디
올해는 독자가 읽고 이해하기가 쉬어졌다고
하길래
한 번 읽어 본다

온통 무슨 말인지
알 것도 같지만은 모르것다
다시 읽어 보는디
나에게 무얼 느끼라는 건지,
머릿속에 헝크러진 실타래와
노란 별들이 떴다 진다

심사평을 읽어 본다
고급스런 단어와 문장들이
더 아리송하게 숨바꼭질한다

시를 이해하려면 무슨 공부를 해야 하나
울 아부지 공부하랄 때 열심히 할 것을

터진 공에 바람 넣듯 깨진 독에 물 붓듯

"저걸 중고차 시장으로 보낼까
아예 폐차장으로 보내 버릴까"
억울함보다 기막힌 쓸쓸함이 낙엽 속에 말려
간다

"여보, 오늘도 집에만 있을 거야?"

삼식이

세단으로 달릴 땐 그래도 괜찮았다
열심히 달렸고 일한 보람도 느꼈다
먼지 묻을세라 조심에 또 조심
탈탈 털고 닦고 일주일이 멀다
목욕도 시켜 주었다

맛있는 것도 먹으러 갔고
멋있는 곳으로 여행도 갔다
왕처럼 대접 받았고 열심히 일했다

어쩔 땐 야근도 하고 새벽부터 뛰었다
몇 년을 일했는지 모른다
얼굴에 주름도 생기고
관절이 어찌 되었는지 우두둑 소리가 난다
이제 좀 쉬고
내가 해 온 추억들을 건져 백지장에 말린 뒤
나만의 시간, 자유와 포근한 시간 갖고 싶다

바람이 분다
바람 결에 들려 오는 소리가
헌 비닐 파닥거리는 소리와 섞여 짜증낸다

냉랭한 하늘 우러러
어둠 찬양하는 살풀이
지칠 줄 모른다

천지 떠드는 굿판은 밤을 새고
새벽 일 나가는 날품팔이는
어거지 굿판에 뜬눈으로 지샌다

황홀한 파티는
수탉이 홰칠 때쯤
광기의 순간을 멈춘다

앙상한 뼈대에
허연 눈물이 엉켜 있다
발걸음이 소란스러울수록
초라한 부끄러움이 고개 숙인다.

찬양은 밤에 이루어진다

공항 앞 작은 공원
커다란 크리스마스 트리가
어둡기 무섭게 눈을 뜬다

온몸 치장이 요란하다
바쁜 자동차는 보는 듯 마는 듯
밤은 으슥하고
죽은 신작로는 까맣게 드러눕는다

반짝거리는 불빛이 너무 밝아
동방 박사 길잡이는 눈을 잃어 허우적대고
벌거벗은 나무는
시커멓게 굳어 앙앙거린다

바늘에 찔린 가슴이
하얀 피 흘려 달래 보지만
색색이 덮인 혀에 맥 못 춘다

밤새 통성 기도와 황홀한 찬가는 붉은 십자가
아래 타오르는데
현란한 댄스는 누굴 기다릴까

가슴이 덜컥하며
매달리는 낭만이 끼억끼억 운다

똑 닮은 방울들이
똑같은 자리에
아무일 없다는 듯 태어난다.

인생은 다 그런 것이다

창밖 베란다 난간봉에
물방울들이 맺혀 있다

거꾸로 솟은 산봉우리들
그만그만한 일렬로 도열해 있다

떨어지려는 용기와 붙잡은 인고가
갈등하여 평행 이룬다

새벽에 일어나
한밤 내 죽지 않고 허우적대는 고난
차라리 툭 끊어지는 낡은 허리띠

생을 관장하는 신께 기도하다
문득 누군가에게
의지하려는 연약한 마음에
낯짝 붉어진다

긴 행렬 중 하나가 커져
수정빛 낸다
말갛다 하는 순간 낙하한다

반찬 냉장고 음식에서 쉰내가 난다
왜 그럴까
기계 소리는 씩씩하게 도는데
고개를 길게 빼 살펴 본다
녹슨 곳에 실금 났다고
그렇게 도망 가 불면 어쩐다냐
세상 오래 사니
별것들이 다 건드네

오늘따라
하늘이 구정물 틱틱 흐르고
책상 아래 휴지통엔
구겨진 종이가 왜 이리 많다냐.

양재기 인생

벽에 걸린 선풍기가 회전이 되지 않는다
"아저씨 선풍기가 엉뚱한 곳으로 부요"
"저놈이 오래 살다 보니 씨득씨득하니
주인 말도 안 든단 말이요"

고개 팍 돌리고
리모콘으로 회전을 시켜도
꿈쩍도 안하고 코 씩씩 불고 있다

회전을 길게 누르니
뚝뚝 소리만 내고
가는 시늉만 한다

정 그렇다면 고물상 불러야지
거기에 가 봐라
온갖 잡것들 다 모인 곳에
꺼꾸로 처 박혔다가
앞축기에 납짝 눌려
그 높은 코는 빈대떡이야,
이눔아

멀건 하늘을 본다
참 평온하다
티끌 같은 세상만 아옹다옹

보이는가 못 보는가
더 높이 높이 오르면
더 아득해진다

무얼 찾는지도
잊어버리는 몽롱함
꿈처럼 난다
날개가 없는데 난다
아니, 떠 있다

흘러간다
물결이 없는데 흘러간다
그리고
끝난다

늘
그렇듯이
맺는 게 없다.

사색은 미완성

아는 것 같은 데 모르고
있을 것 같은 데 없는
알록달록한 퍼즐

채우지 못한 하늘이
빈 구멍으로 뻥 뚫려
가슴이 탄다

이리 맞추고 저리 돌린다
벽시계는 돌고 돌아
멀리 항해하지만
정작 배에는 조타기가 없다

밀려가는 해류에
열심히 허우적거린다
뭍에 오를 수 있을까
오르면 어찌할까

이 황야에 좁쌀이 구르면
얼마나 구를까
신작로 가운데 드러눕는다
아무도 모른다
발악을 해도 모른다

인간

태어날 때부터
오장육부를 가지고 있었다
살면서 어쩌다 보니
오장칠부 되고 오장팔부 되고
얼마나 지나면 오장십부가 될까
아니 몇 부까지 늘어나야 만족할까

아부지 오장팔부가 머다요
옛날에는 호주머니에 돈 떨어지면
사람 구실 못 했는디
지금은 입코 내놓고는 밖에 못 나가
최소한 얼굴 반은 가려야제
핸드폰에 큐알코드 없인 목욕탕도 못 가
돈은 없어도 돼 폰에 은행이 있으닝께
또 날쇠면
머가 또 있어야 할랑가 모르것다

태초엔 일장일부였는데
안으로 진화하여 오장육부 되고
밖으로 일부이부 늘어나
그 끝이 가이 없어라.

5
창가에서

비커에 따른

물을 데운다

걸름망에 거른다

이쁜 음표라도 걸렸나

싸늘한 계절은
신경 곤두세우며 바삐 가고 있다

날씨는 도지하듯 웃다 울고
소솔나무* 싸악거리는 섣달 바람 찢어지는 소리

이 밤 지나면
파삭이는 잎새로 여행을 떠나가겠지

어차피
이 시절 지나면
허무해질걸.

* 소솔나무 : 소사나무의 사투리. 가지가 가늘어
　　　　　　바람소리가 크게 들림

두렵고 습하고 무서운 밤엔
간간이 찢는 듯한 소리
내지른다

소름이 돋는다
무성한 찌라시만 거리에 굴러다니며
불안과 공포를 부추긴다

결단을 내야 하는데
어떻게 할까

신경을 건드리다
햄릿의 한숨 소리로 무너져 내린다

칼날과 손잡이가 바뀌어
이젠 어디가 날인 줄도 모른다

광대는 바보처럼 웃고 있지만
등 뒤에 숨긴 비수는 싸늘하기만 하다

방울 단 고양이는
쥐를 잡는다고 울어 대며 발톱을 세우고

어쩌다가 이 지경이

초겨울
아직도 누런 잎이
가지에 매달려 있다

바람이 씨익
나뭇가지를 흔들고 지나간다

파르르 떠는 잎사귀
간신히 붙어 있다

옷을 벗기려는 자와
떨어지지 않으려는 자
그 발버둥이 안타깝다

봄바람이 훈훈할 때는
앙상한 가지 속에 숨은
연둣빛을 서둘러 불러내더니

오뉴월 장마철엔
죽순 자라듯 푸르름이 바람길 막고
빛 가려 어둠을 불러들이더니

어둠이 가랑이 반쯤 내려와 앉으면
주섬주섬 푸성귀 몇 잎 주워 담아
가로등 그늘 따라 난 골목길로 사라진다.

시장 할머니의 마지막 출근

이른 새벽
지팡이에 의지한 할머니
어지러운 시장 바닥 누빈다
무언가 살 것처럼
무언가 팔 것처럼

치매가 왔어
실성기가 있어
여기저기
숙덕거림이 혀끝을 찬다

이 바닥에서
셀 수 없는 새벽이 오고 가며
전대에 담긴 구겨진 사연들이
얼굴 주름 틈에 끼어 울곤 했다

때 묻은 몸뻬바지 헐렁함에 숨어 있는
성장한 자식들이 고개 돌리는 오후
되돌아온 정신줄이
되려 원망스럽다

더 높은 곳 쳐다보지 않고
낮은 곳엔 눈높이 맞춰서
층이 없는 세상 이루는 포근함

어디까지 벌려야 다 안을 수 있을까
끝없이 펼쳐지는 풀벌레 울음소리
은하수에 별을 새기면
어머님 마음에 정화수 놓는다.

무등산

고을 감싸 안은 듯
가슴 넓게 펴고
팔 뻗어 돈다

조바심으로 하루 기도하면
말이 없던 어머님은 눈빛으로
얘기하며 미소로 답한다

세세한 세월을 새날처럼
닦으며 노래하며
더하지도 덜하지도 않는
나날이 툇마루에 걸쳐 앉는다

역사에 검은 살수가 펼쳐 오면
손 벌려 모여들고
발 굴려 날려 버리는
뭉클한 사연들이 감싸는 이곳
어머님의 치마폭은 아늑하다

한 줌 한 줌 혼이 쌓이고 쌓여
구릉이 되고 동산이 되고 야산이 되고
파도쳐도 울지 않은 어머니

젖은 날개
탈탈 털고
유유히 난다.

종이비행기 · 2

나래 펴고 하늘 향해 퍼덕이며
잰걸음 치던 순간
돛대 무너져
날고 싶은 꿈은
회오리 물속으로 처박힌다

색바랜 시간들이
바람에 실려 어디론가 가고
절절한 사연은
시시한 얘기들에 묻혀 잊혀져 간다

빛바랜 노란 리본 한 조각
양심의 틈에서 기억해 내면

누구 한 사람 가슴 한 구석
핏빛 아픔 소삭거리면
들불 번지듯 퍼져

저 깊은 곳의 용오름
칼날처럼 치는 파도 뚫고
솟아올라

말똥한 눈은
구겨진 종이를 원망하며
체념한 듯 하늘을 본다

문득 일렁이는 파도가 난다
철필 끝은 파도와 파도 끝을
가볍게 뛰다 난다
하얀 날개가 햇살 속으로 난다.

종이비행기 · 1

느티나무 가지가 하늘 오르려
꽃발 서고 있다
닿을 것 같으면서도 아득히 먼 그곳은
날개의 꿈이다

아이는
뒤집기를 시도하고 또 하고
기저귀가 누렇게 빛바래질 때
아무도 모르게 땅이 부풀어 오를 때
또 다른 세상 만나고 있다

날개 없는 욕망이
사립문 열고 들어서면
비로소 가슴속에 숨겨 두었던
종이를 꺼내 접는다

접고 날리고 떨어지고
솜씨 없는 비행기는
빙그르 돌아 떨어진다

밤은
새벽 끝에 달려 대롱거리는데

밀리고 싸이고 또 밀리고
빙빙 돌아 어지럼증이 온다

조류의 속도는 느려지고
최면에 풀린 것들이 탈출구 찾지만 물은 서서
히 빠지고
가쁜 숨은 마른 세상에 부려진다.

달이 무섭다

보름달이 물살 부르고 있다
무심한 듯 은근히 물길 서두르고 있다

멸치는 센 물살 타고 넘어가는 스릴에 목숨 건다
구렁이 허리처럼 휘감아 흐르는 매끄럽고
거친 호흡은 전신에 짜릿한 쾌감이 떤다
수천 수만의 군사가 적과 싸우기 위해 돌격하는 비장함
거침없는 질주는 어둠에 번쩍거리는 야광충의 박수 소리도
달빛에 튀기는 물비늘의 유혹에도 흔들림이 없다
거센 물이 아가미 속으로 빨려들어 오고 나간다
두 눈 부릅뜨고 물벽에 부딪히지 않게 비킨다
골은 좁아지고
깜깜한 어둠 속 번쩍거리는 갑옷은
센 물살에 골짜기 깊은 골로 빠져든다
들어가면 나올 수 없는 검은 미로
막장의 문은 굳게 닫혔다

하얀 꽃잎 부서져
꽃가루 날리고

고요는
슬피 울어 사색 밀치는데

어둔 그림자
슬며시 하늘 벗긴다

그 사이로
조금씩 조금씩 달빛 새어

위로 솟구쳐 오른
둥근 사랑이여

잔설에 달빛 튀어
음표들이 춤추면

어쩔 수 없이 터져나오는
저 세레나데

그대여, 오늘밤
창문 열어 주시겠습니까.

대보름

동백숲에
눈이 앉는다

진녹색 위에
하얀 꽃이 핀다

붉은 꽃 위에
하얀 고명이 놓여 있다

마음 가득차 오는
뭉클한 게 뜬다

풍선은 날아
구름 속에 숨은 달 찾고

하얀 눈은
금세 숲 덮어 둥글게 빛나

가슴속 터져 버리면
허전한 빈가슴 될까

걱정은
씨앗 되어 바람 부르면

너무 고와 내디디지 못하고
소 눈망울 같은 청아한 둠벙만 바라보다

그냥 눈물 고여
말간 하늘 떨군다.

쇠소깍

강과 바다의 경계에서
선 그었다

가지 않으려 버티고 버텨
깊은 웅덩이 생기고

밀고 들어오는 힘은
골짜기에 반해 다가가지 못하고

어쩌다 입 내밀어
입맞춤하지만 거기까지

비라도 내려 힘이 세지면
꼬리 길게 뻗어 내려간다

숲으로 감춘 아스라한 절벽과
빼꼼히 내보인 물줄기
기암괴석 틈에서 깜박거린다

발 뻗어 보지만
깎아지른 벼랑이 손사래 친다

섭지코지

어디로 멀리 가고 싶었을까
바다로 향한 발걸음
길게 뻗어 발버둥치다
뭉툭하게 올라선다

바닷바람이 곶마루에 다다른다
탈출하려고 나선 길이
고작 여기서 먼바다만 바라보는 눈시울이
흰 포말에 묻힌다

나서면 잡을 것 같은 기대는
저 멀리
쓴 미소 짓는다

조그마한 바램은 한 옥타브 올려
이제는 더 나갈 수 없는 땅끝 섬에서
멀건 바다 향해 소리 지른다.

어디다 물어 보나

먼 놈의 이런 날이 있당가
며칠은 머시 오그라들게 춥고
며칠은 축 늘어지게 더우니
사람 환장하겠구먼

간사한 날이 울다 웃는다
사람 부화 돋구지만
그래도 분명 섞이는 느낌 있어

밀리는 듯하지만
밀고 들어오는 무언가 있어
밭둑도 들썩이는 것 같고
강물도 생기 도는 것 같아

누가 옷고름 하나 풀었다냐
들썩거리는 맘 누가 건든 거냐
암튼 먼가에 적셔 들고 있음은 분명한데.

적과 아군이 구분되지 않은 전선은
평온 속 불안함이 꼼지락거린다

집에 칩거하라는 명령이
빨랫줄에 걸려 날리면
탈출하려는 욕망을
구두끈으로 묶는다

멀건 하늘의 냉기는
구들장 밑을 뚫고
안방까지 들어온다

젖은 마음 털어 창가에 말리며
새떼 날아간 횅한 하늘을
멍하니 바라본다

나는 어디로 갈까
까만 밤 밀어내고 동살 기다리는
간절함이
자꾸 고드름처럼 길어 간다.

어디로 갈까

맹그름하니 추운 날
감나무밭 전깃줄에
참새들이 앉아 있다
평온하다

눈치챘나
와르르 날아올라 흩어지는 새들
허망하니 바라보는데
바늘 냉기가 살갗을 쿡쿡 찔러댄다

창밖으로
느티나무 앙상한 초리들이
고슴도치 하늘 향해 침을 세우고 있다

어느 순간
아무것도 보이지 않은
두려움이 스며 온다

경계 2미터 접근 불가라지만
눈웃음치며 다가오면 속수무책이다

삐그덕거리는 의자에 앉아
책장을 넘긴다
흐릿한 얼굴이 뜬다

골똘한 생각이
윤곽을 살려 보지만
알 듯 알 듯 모르는 슬픔이
물 위로 떠 간다

새소리가 길게 운다
꽁지 올렸다 내린다
발가락을 쪼아 본다
하늘은 멀뚱멀뚱
내려다보고 있다.

외로움 · 2

멀건 하늘이
내려다보고 있다
전깃줄에 새 한 마리
점 하나 찍는다

도로변 담벼락 밑에
좌판 벌린 늙은이
갈바람이 눈꺼풀 누른다

탁자에 의자 하나
창밖 내다보면
아직은 덜 익은 갈바람이
푸른 숲에 숨는다

지구본을 돌린다
그 어디에도 갈 곳이 없다
그래도 떠나야 한다
오라고 하지 않는데
왜 가야 하는지
주섬주섬 보따리 싸다 푼다

하늘 덮고 누워
떠서 조용히 유영한다

누구 없소
메아리도 없다

막혀 있는 벽은 무심하다
아직도 내지 못한 문 두드린다.

외로움 · 1

하얀 벽을 응시한다
무료함이 흐른다

문득 벽에 문 달고
가운데에 여백 비워 놓는다

허허벌판에 분홍칠 하자
따스한 온기 불어온다

문 두드리는 소리에
빼꼼히 내다보니
정빛 하늘과 들판이 보인다

들녘 가로지른 개울 따라 난 길
소년이 한가롭게 걷고 있다

벌판에 아무도 없다
풀잎 보고 미소 짓고

송사리 수 세다가
달리는 물소리 따라가 본다

쓰고 지우고 쓰고 지우는 낭만
어두워도 빛나 가득히 차오르는 설렘
희디흰 사랑 어깨에 기대면
두근거림이 볼 붉어 뭉클해 오는 감동
그 속으로 녹아든다.

그릴 수 없는 풍경

무슨 그림 그릴까
백지를 본다
하얀 바탕이 압도해 온다
더럽히지 마
이렇게 순수한 아름다움 봤어
붓 대는 순간 너는 실수한 거야
저토록 깨끗한 천지에 자국 남길 필요 없잖아
순백은 모두 덮고 천지에 깃발 세운다
하얀 백지를 유심히 본다
백지엔 산이 있고 숲이 있고 강이 흐른다
온통 하얗지만 나무도 있고 바위도 있고 물소리도 있다
그 속엔 집도 있고 거울도 있어 마음이 거기에 있다
이 아름다움을 누가 그린단 말인가
백설기 익은 내음이 난다
저기 저 오두막에서 흰 연기에 맛있는 내음이 솔솔 배어 오른다
거문고 소리에 방아 찧은 소리가 아련하다
백설기 수북이 올려지는 날
눈 위에 아는 듯 모르는 듯 찍히는 까치 발자국

조용한 읊조림 간구하는 손 벌림
빛 모아 베 짜는 소리
아스라이 동살 만들어 가고 있다

햇살이 새들 깨워
솔밭에 오르고
소 울음 소리 비켜 반짝이면
불태산 골짜기 피리 떼 물비늘 쫓는다.

어둠은 빛을 낳고

불태산 동쪽 계곡 따라
그늘이
이무기처럼 굽어 늘어진다

시커먼 아가리가
비탈면 지나 언덕까지 삼키고
이마의 혹처럼 튀어나온 산봉우리만 남아
먹히지 않으려 발버둥친다

밟히는 소리
비켜 구르는 아우성
꾸지뽕 가시에 찔려 우는 소리
칠흑 속에 일방적으로 공격하고
비명으로 항거한다
쫓는 자와 쫓기는 자들은
굶주려 헉헉거리고 있다

을씨년 속에서 바삭바삭
긴장이 떠는 소릴까
입 막고 우는 소릴까
숨죽인 귓구멍 벌리면

숨소리는
풀무통에 걸려 그르렁거리고
머리가 씨아에 박혔는지
깨질 것 같다

창문을 연다
유리창을 두드리던 바람이
풀무질을 한다

불꽃이 인다
하늘이 창을 넘어 천장에 매달리고
새들이 푸른 숲을 물고 들어온다

이제
다 닳은 연필심을
깎아야겠다.

시심에 빠져

대장간 이글거린 불 속에
나를 집어 넣는다
검은 연기의 매콤함이
콧속 타고 눈가를 씰룩거리게 한다
연기가 가시도록 연신 풀무질 해대지만
시큰둥한 반응이다
풀무 구멍이 막혔나 보다

머리가 지끈지끈 아파 온다
책상 위에 흰 종이는 그대로고
머릿속엔 자음 모음이 날아다닐 뿐이다
검은 연기에 그나마도 가려 버린다

고장난 풀무의 헛바람만
바짓가랑이 사이로 도망쳐 버린다
팔은 무거워 진흙탕 속으로 빠져들고
연필 쥔 손은 시렁에 걸려 대롱거린다

몸은 타고 있는지
끄으름이 검은 물감으로 목욕하고
연기 속에 목이 퀴퀴하여
점점 탄광 채굴 속으로 들어간다

오늘도 멍한 하늘과 논다

외롭다는 건
누군가 찾아올 수 있다는 기대와
누군가 찾아갈 수 있다는 용기를
서랍 속에 넣어 둔 지 오래

앙상한 나뭇가지에 앉은
한 마리 새
회색 하늘에 유영시키며
아련함 가슴에 담아
바람에 날린다

난다
외로움이 난다
외로움은 차라리 여유롭다

난다
외로움이 미소 지으며 난다
솜털처럼 난다

어느덧
스스로 외로움 즐기며
높이 높이 떠오른다.

4
시심에 빠져

불꽃이 인다

하늘이 창을 넘어 천장에 매달리고

새들이 푸른 숲을 물고 들어온다

단풍나무 숲에 별이 내리고

혼자 떠나면 울 것 같은
이 멀건 날

햇살에 구워진 붉은 잎
별이 되면

무릎 꿇어
외로움 고백하고

너무 고와 스잔한
그대와 동행한다.

대봉

펑퍼짐한 아줌마와
앞니 빠진 아저씨가 감 팔고 있다

머리통만 하네
올 같은 날씨에 어찌 이런 감이 있을까

햇살이 감 위에서 키득거린다
노란색이 주황색으로 군침 돌고
붉은빛이 검은빛 돌 때
말랑거리는 게 얇은 껍질 트고
번들거린 진물에 침이 괸다

돈사지 못한 홍시
서럽게 이 없는 잇몸 사이로 뭉개지고
조개눈이 벙긋해진다

바라본 아줌아
이제 본전 뽑았소
하나 더 먹으면 남는 거요

기우는 볕뉘 주으려 나온
까치밥이
갈바람에 쓸쓸히 웃는다.

감나무 과수원

나무들이 일렬로 서 있다
좌로 우로 어디서 보아도 산뜻하다

칠십 년대 초
교련복 입는 학생들이 운동장에 서 있다
좌로 정렬 우로 정렬
각이 두부모처럼 반듯하다
목총은 어깨를 짓누르고
눌러쓴 모자 아래로 땀이 흐른다

감나무밭 가위질은 계속되고
실실한 열매 바라는 기도는
손바닥 물집이 부풀어 익어
가을이 오고
처마 밑에 알알이 맺힌 추억들은
갈바람에 그네 탄다.

안개처럼 스멀스멀 덧칠해 와
밤을 알리는 통소 소리 내면
생을 마감하는 다홍색 노랫소리도
흐르는 눈물의 붉은빛도
별이 되어 날아갈 것이다.

노을과 나

노을이 아름답게 보이는 건
외롭기 때문이다
언제부터인가
해질녘 바라보면 눈물이 난다
가슴이 저미며 무담시* 슬퍼지고
눈물이 놀 속으로 번지면
강물 되어 어깨 위에 출렁인다

한낮 그렇게도 불던 바람이
파도와 뒹굴다 숨 죽이는 건
하루를 마무리하는
고운 노을을 위해서일 거다

사방이 고요해지고 숙연하다
타들어 가는 하늘이 손짓한다
나를 부르는 것일까
입술은 파삭파삭 타들어 가고
고개 저으며 흐느끼는 아쉬움
숭어 떼 붉은 비늘 속으로 스민다

수평선 너머 다가오는 보랏빛 그늘

따스한 햇볕에 바람 누그러지는 날
물길 깊어 너무 맑아
물고기들 하늘로 날고
깊은 물 너무 고와
여기인가 저기인가
긴 치마 보일 듯 말 듯 살랑살랑.

바람의 섬

바람이 지고 가다 한 바다에 떨어뜨린
아름답고 상서로운 여서도
안개 끼어 눈 가리고
바람 불어 접근 막은 신비

바람의 들망질에 풍랑 사납게 울고
고기들 파도 타려 몰려들고
어부들 고기 쫓아 그 섬에 모인다

바람보다 높은 담 지붕 감추고
돌담길 요리조리 바람길 잡아
길 따라 바람 불고 집 돌아 바람 가고
타래실로 꼬은 사연들이 쌓여
처음과 끝 알 수 없는 석성 되었다

겹겹 이어진 깃발들 나부낄 때
기개는 하늘로 치솟았지만
바람보다 더 징한 세파에 밀려
깃발 내리고 떠나가고
어쩌지 못한 인연들만
벽 뒤에 숨어 바람구멍으로 눈치 살피며 산다

바람은
하늘 끝 맴돌아
멀리서 애틋한 그리움 한 사발
가슴에 부어 새초롬히 움터
서서히 불 지피다 폭발하면
그것 외엔 아무것도 보이지 않는다

바람은
외롭다
외로움은 이곳 저곳 두드리며
발싸심 하지만
스쳐가는 것이라고
빼꼼이 열었다 닫아 버린다.

* 이물 : 배의 머리쪽 부분
* 고물 : 배의 뒤쪽 부분

바람은

바람은
대숲에 숨었다가
기분 살랑 초리 간질거리면
댓잎 키득이는 소리에
복실이 짖고
정화수에 뜨는 달은
뱃전을 친다

바람은
개울가 갈대숲에서 숨바꼭질하다
휑한 들판으로 말을 몰아대면
골짜기 숨차 개울물 할딱거리고
산마루 키 작은 솔나무에
휘바람 소리 자즈러진다

바람은
수평선 너머 노을 속에 가라앉았다
어둠을 둘둘 말아 이물*에 꽂아 때리면
거품 문 물보라 가슴 찢어지는 절규
선창가 목 빠진 아낙네 깃발이 사나워 섧다

붉은 입술이 허연 이 드러낸다
낚였는지 낚았는지
분명 첨대질*에 휘어짐이 묵직하다

잔 비우고 또 채우고
상 장단에 허리가 빨랫줄에 걸치고
풍만한 엉덩이는 헐떡인다

퇴주잔 멀건 국물이 웃고
대가리 속에 처박힌 명태 눈깔이
상 밑에 쪼그려 졸고 있을 때
외상장부는 문지방 향한다.

* 첨대질 : 낚싯대의 방언

바람 · 3

비가 온다
양철 지붕에 발놀림이 요란하다
색깔에 젖은 바람이
왼눈 감아 유혹한다

넥타이 맬까
청바지 입을까
나가면 한 건 건질 것 같은 기분에
거울 앞이 좌로 돌고 우로 돈다

한산한 읍내 거리는 낚싯밥 놓을 곳이 없고
하천 웅덩이에 혼인색 띤 갈겨니만 부산하다

풀죽은 모시 적삼 허줄그레지고
살랑한 기분은 가랑이 사이로 내려와 있다

장터 모퉁이 헐거움이 샛바람에 덜렁이며
반쯤 열린 문 사이로 엉클어진 유행가
술에 취해 있다

빼꼼히 들여다보는 눈치

어디라도 좋다
뽀삭거리는 울화통 벗어나
부딪히는 감각은 아프지만
시원한 공간이 나래 단다

재주 한 바퀴 넘어서고
두 바퀴 돌아 구르고
까르르 깔깔
웃음소리 들판을 쓸어 난다

주체할 수 없는 열정은
뭉갤 것처럼
입 벌려 소리 지르고
목은 찢어져 나풀거린다

돌아보면 후회가 그림자 길게 늘어뜨리고
어쩔 수 없었다는 변명을 도포 자락으로 가린다
땅거미 앞세워 내렸던 어둠 갓밖이로 지워 가면
죽어진 혈기 보듬어
대숲 아래로 기어든다.

바람 · 2

자유로운 영혼은
가슴속에 뭉쳐 있으면 폭발한다
기어오르는 걸 누르면
생살 뚫고라도 튀어나온다

엎디어 있는 한숨은
고래 물기둥으로 솟아 날고
포기하지 못한 여백은
사색으로 채워 수평선 당겨오면
건반이 애달픈 목소리로 파도 탄다

물결은 깃 펴 여유롭고
살랑거리는 향기로 노래하는 금계국
그 화려한 그늘 뒤에는
묻어둔 사연이 노을에 젖는다

가야지
가야지
습관되어 뱉은 궁상은
솜처럼 가벼이 뜬다

마지막 피날레는
색소폰 소리 화려한 무대 앞에
잠자리 날개 펴고 돌아가는 풍경이 제일이제
세상에 어떤 화가라도 저리 이쁘게는 못 그릴걸

땅거미 길어 어둠이 잡아먹고
별 총총해질수록
부라린 눈망울에 고함 소리
대들보가 들썩거림이
눈에 훤히 보이지만
갈수록 농이 오른 분위기에 발 못 빼고
회오리 속으로 빨려 간다.

바람 · 1

가슴 안으로
슬쩍 들어오는 무언가 있다
얼굴 붉어진 듯
쑥스러워하면서도 싫지 않은 건
활짝 핀 복사꽃 때문일까

꽃이 핀다
옷깃 타고 내려오는 나비
꽃물 져 스며들면
마음속 간지러워
표정 감추려 입 다물지만
입꼬리마저 숨길 수 없다

사립문 열고 들어오는
푸근한 입김
댓돌에 놓인 신발 밖을 향하면
치맛자락 하늘하늘 손짓하고
산모롱이 돌아 흐르는 골짜기
목청 돋운다

알록달록 꽃구경도 좋지만

갈 길도 막혀 있으니
오도가도 못하는 신세에 단풍 가슴 멍들고
후회는 막심하고 맥아리는 팔리는데
옆지기 잔소리 기총으로 쏘아대니
탄알 박힌 얼굴은 푸른 듯 붉어 가을이 절정에 이르니
촉 밝은 노을이 쉬이 가라 어르네.

단풍구경

단풍은 머니머니 해도 내장산이 제일이제
오늘이 절정이라던데 실실 구경이나 가볼까
하늘은 퍼런 눈 떠 말똥거리고
마파람도 생글생글 콧노래 부르니 나들잇길 활짝 열려 부렀구만
그란디 먼 차가 이리 많단가
하릴없이 다들 나와 갖고 바쁜 사람 길만 막고 해찰이야
차라리 걸어가는 게 낫겠네
산에선 빨리 오라고 손짓한데 옴싹딸싹 못하니 언제 단풍을 본당가
저기 울긋불긋한 게 머시란가
산에 있을 단풍이 길로 다 내려와 부렀구먼
저것들이 사람구경 왔다냐
차 구경 왔다냐
단풍이 사람 구경 하것네
바글바글 소리도 나니
이라다가 이태원 쬬 날라 두렵구먼
단풍 볼라다 내가 먼저 죽것네
그냥 돌아가세
해도 비스듬히 자빠지는데

이제 한방울의 물도 마실 힘이 없다
목에 힘 주니 더 붉을 수밖에

대나무 숲에 숨었던 바람이 일어나
초리대 부벼 높새쪽 구름 부르고
기어이 보라바람 비와 섞여 치니

땅을 향해 처진 이파리 숨통 끊기어
맥없이 날고 떨어지고 밟혀
표지석도 없이 흙 되어 쌓인다.

단풍

머리하고 화장하고 고운 옷 차려입는다
영정 사진 찍으러 가는 날에
갈바람 부니 숨 차고 얼굴 화끈거린다

목이 말라 갈증 느끼지만
물길 좁아져 제대로 마실 수 없다
돌림병 돌았나 주위도 헐떡인다

빨갛게 홍조 띤 놈 누렇게 뜬 놈
같은 듯 조금 다른 모습들이
가실 빛에 번쩍인다

구경 났는가 병문안 오는 건가
울긋불긋 화려히 차려입은 객들
고운 화색이 오솔길 가득 메운다

여기저기 셧터 소리
찰칵찰칵
마지막 모습 간직하려 정성 다한다

숨은 목 끝까지 차오르고

간절한 기도 소리 듣는지 마는지
무심한 시간들이 흘러간다

천금 쌓은들 그대 한마디와 바꾸랴
유언처럼 들리지만
억척스레 산 흔적 불도량으로 지우고
범종 소리 긴 울음 벗어 버린다

바람은 알까
지난 업보가 씻겨 가고 있음을.

길상사

삼각산 자락 아늑히
숲 풍경에 싸여 숨바꼭질한다

단풍 사이사이
얼굴 붉어
수줍은 듯 고고한 자태
옛 주인 닮았나

시구 한 줄 인연 맺어
별빛에 기대어 속삭이고
바위틈 물 흐르는 곳

누구의 시샘인가
장대비 쏟아지고
같은 맘 다른 생각
어긋진 길 서로 갈라
올 거라는 바램과
안주하는 체념이 엇박자 친다

동짓달 긴 밤
흰 눈 소복히 보고픔 쌓이고

숲에 머물던 바람이
외투깃 열고 들어와
외로움 꾹 찔러 주면

불현듯 생각나는 사람
그리움에 쓸려
둥둥 떠 간다.

* 동어: 숭어의 어린새끼(5cm 내외)

갈바람 유혹

가을은 바다
바람에 씻긴 깔끔한 하늘
강물에 배 띄우면

산봉우리부터 칠해 오는
오색 물결
발끝까지 덮쳐 오고

등성이 타고
어디까지 퍼질 줄 모르는 하얀 송이들이
날기 위해 발버둥친다

강어귀 덮어 오는
갈색 자락의 수근거림
노을녘 금빛으로 날아오고

동어*떼가 만든 윤슬은
은빛으로
가슴에 찰랑댄다

거리에 날리는 은행잎
나더러
여행 떠나자 한다

가랑잎

아무런 말도 없이
기척도 없이
문턱 넘어
스르르
바람 타고 대청으로 든다

누구세요
물으면 되려 실례 될까 봐
발꿈치 들어
조용히 다가가
소롯이 앉는다

사그락 사그락
정적 그으며
영혼 나르는 소리
비단 하늘 깊은 속으로 사라진다.

가을 하늘에 눕다

침묵이 흐르는데
바람 한 자락 사뿐히 소매 끝에 앉는다

티끌 같은 정도 버리고
빈 공허
너무 고요하여 차라리 서늘하다

하늘 걸린 나뭇가지에
대롱거리는 단풍
숨차 올라 파리해 떤다

생의 끈 떨구려는
모진 것들

손 놓으면
또 다른 세상이 반길 줄 아는지 모르는지

가없이 펼쳐진 두근거림
맑디맑은 영혼이 유유하다.

바람이 갈잎 날리여
떨어지던 설운 가슴이
비끌려 흩어지는 눈물이 된다.

가을비

계단 오른다
따각 따각 소리
장단 맞추며

계단 따라 난 창은
세로로 그어지고
피아노 건반 줄로 이어진다

들을 수 없다
귀는 섰지만 구멍이 막혔나 보다
피부가 오글거리며 숨구멍이 선다

녹색과 회색이
조화 이루려 애쓴다

창밖 배경으로
탁자 놓고
주전자와 사발로
세트를 꾸민다

해 숨긴 구름이
하늘에 배 깔고 있다

아침 창가는
훨훨
나래 펴고 날아간다.

추몽

베란다 난간에
아침 햇살 영글고
희고 얇은 드레스 입고
하늘이 선다

하루 시작 종소리
실루엣 타고 날아와 창가에 앉더니
아련히 파도 타는 산들 너머로 여행한다

내장산 단풍은
얼마나 곱게 차려입었을까

월출산 바위는
갈바람으로 깨끗이 목욕했을까

무등산 오솔길 따라 오르면
골짜기 물 자박거려
떨어지는 낙엽에 걸린다

가을은
저 조각배 타고
어디로 갈까

처서의 비탈면

아무리 그렇다고 이렇게 싹 바뀌냐
엊그제만 하더라도 축 늘어진 삭신이
새벽 찬 기운에 딱 오그라든다
계절이 고무줄처럼 늘어났다 줄었다
표정 달리하며 세월 엮어 가면
그리움은 갈대 스치는 바람 소리에 피어난다
창 너머 그믐달이 외로움 날아오면
귀뚜라미 소리에 살갗 소름이 서늘하다

잔디밭에 큰벼룩아제비꽃
희끗희끗 내려앉아
이슬인 듯 눈물인 듯
잎 사이에 숨어 보일 듯 말 듯
까치발로 고개 쳐든 합창 소리
가슴에 점점이 박혀
깨알 같은 사연들 흩날리고
새싹을 틔울 때가 어제 같은데
비스듬히 기대선 햇살에 서두른
보따리를 싸는 알갱이
바람에게 갈 곳을 묻는다

이슬에 시린 늦은 박꽃 정 한가득
소쿠리에 담아 가을맞이 나선다.

가을 하늘에 눕다

티끌 같은 정도 버리고

빈 공허

너무 고요하여 차라리 서늘하다

낮달맞이꽃

언제부터 이리 됐을까
밤과 낮이 바뀌어
어긋지게 피어
지어미 닮은 꽃

달이 지면 피고
달이 뜨면 지는
그 속사정을 누가 알까

부끄러워
부끄러워
임 뵙기 부끄러워

찾아오는 밤엔
두 눈 꼭 감았다가
이슬 젖은 동살에
빠끔히 눈을 뜨면
그는 이미 떠났어라

한 번도 뵌 적이 없는데도
두근거린 이 마음
생각만 하여도 볼 불그레.

공작이 이쁜 날개 가진 죄
맛있는 살 지닌 죄
자기와 다른 생각 가진다면

고개 쳐들면 뻔뻔하다
칼 피하려 한다면 비겁하다
칼 받으면 니 죄는 니가 알렸다
발 디디딜 수 없어 물구나무서
세상을 거꾸로 본다

거꾸로 보일 것 같은 무지개가
바로 보인다
햇발이 파란 이파리에 튕긴다.

흘러가는 시간

표정이 없다
자세히 보면 어그러져 있다
씁쓸한 미소가 입속에 숨어 있다

총소리는
경계선 끝까지 쫓아오고
바짓가랑이 밑은 축축하다

음습한 곳에서 피어난 안개는
문어발처럼 말아 감고 넘어진다 장구와 북소리는
쿵쾅거려 심장 윽박지른다

목탁 소리도 기도 소리도
칼춤의 축도로 노래하고
숫돌 슥삭이는 멀정한 날에
죽임을 예고하고 있다

바닷가 모래사장에
밀물이 하얀 해골 굴리고
있을 상상하며
누구 탓일까

대숲 그림자가 발등 덮쳐 오고
성숙하지 못한 눈썹달은
이경을 채우지 못한 채 스러지고
옷섶 들썩거리다 오므려 버린
아쉬움은 십오야에 기댄다.

애기달맞이꽃

해는 지구 뒤편을 지나고
검은 바다가 하늘 위로 올라서면
아라비안 칼처럼 휘어진 달이
그림자 틈으로 배시시 웃는다

갯가 푸른 언덕이 검푸러지고
간들거린 바람 사이로
노란 점들이 소삭거린다
덜 익은 달이 빼꼼히 창 열면
속 젖은 꽃이파리 새침 떤다

모래톱이 밀고 밀리며
젖어오는 미소
소라고등의 귀 간지르면
잔잔한 물결이 해변을 붓칠하고
치마폭 살랑거리는 모래알은 노래한다

어둘수록 노란빛 짙게 튕기는 유혹
심장은 부풀고 맥박이 요동치면
풋풋한 열정은 어둠으로 눈 가리고
입술 내밀지만 바람은 고갤 흔든다

처음 본 사막에 놀라운 표정 감추고
낙타에게 말을 건다
사막에 비가 오고
낙타는 놀라 눈이 튀어나온다

무지개는
해의 기울기가
저 감나무 사이를 지날 때가
가장 좋다

신작로 네거리에 서서
오는 비를 맞는다
비의 길이는 얼마나 길기에
이리 끊이지 않고 계속 내릴까
실타래 풀어 재 볼까
초작거리는 소리가 해보라고 부추긴다

비는 앞에도 내리고 뒤에도 내린다
달려도 비 맞고 돌아가도 비 맞을 바엔
길 한복판에 대자로 누워 날 잡아 가란다
그래도 기다란 비는 몸 위에 추적 추적 내린다.

비

우중충한 날
길을 걷는데
비가 쏟아진다

뛰어가면 앞의 비 맞을 것 같고
천천히 가면 뒤의 비 맞을 것 같아
그대로 서서 비를 맞는다

비에 몸 담근다
살갗 스며 점점 깊은 곳으로 박힌다
비는 몸에서 국물로 흐른다
낼선 국물이 검고 텁텁하게 흐른다

무심한 것들이 둥둥 떠다닌다
헛것들이 종이배에 실려 정처 없다
배가 모래등에 걸려 간들거리다
꿈쩍하지 않는다

모래등은 사막이다
낙타의 등허리가 파도 친다
파도에 밀려온 고래는

소낙비

비가
쏟아진다

떨어지는 자국마다
둥근 폭발음 들리고
흙물 튀고 붉은 물 흐른다

수직으로 떨어지고 사선으로 튀어
아래로 흘러 흘러
눅눅한 신경이 무겁다

무심한 뇌세포 사이로
뾰족하게 전쟁터가 그려진다
집성탄이 불꽃처럼 퍼지고 타닥타닥 튄다

함성인가 아우성인가
빠져나갈 수 없는
저 비 사이를 피해 달린다

처벅거리는 저 음울한 장단이
처마 아래 선 나를 적셔 팔딱거리는 심장에
우울한 싹을 틔운다.

천지연 폭포

여름걷이 보리농사 가시락이
더위 찔러 성질 돋을 때
보리 한 됫박과 바꿔논 얼음 보숭이
다디단 물 자르르
더위 한 조각으로 떨어져
서늘한 바람 날아오지

바람은 거슬러 올라
까치내 재 골짜기 안벽에 떨어지는 암벽수
어금니 떨게 하고 불알이 올라붙지
누가 오래 버티나 내기로
입술 파래지고 살갗은 오돌오돌 하지

떨어지는 폭포는
얼얼한 어름빙수로 쉼 없이 떨어지지

폭포 가까이 서면 등발이 곤두선 물줄기
날리는 가루물이 살갗에 박혀 소름이 부르르 떤다

폭풍이 한차례 지나고 나면
아릿함이 지그시 눌러온다

자그마한 신음 소리가
먼 옛적 이야기처럼 아련히 들려온다

잠시 후 멀리서
쏙소리 바람이 파도를 일으키고

빠르게 아주 빠르게
처진 나를 향해 달려온다.

통증

병원 창밖으로 비가 내린다
차갑다

이불 끌어당겨 목까지 덮는 순간
파도가 밀려온다

굼실거리는 물결은
금세 덮칠 것처럼 으르렁거린다

감아 올려 내리치는 물살은
허연 상어 아가리처럼 크게 벌리고 달려든다

거대한 꼬리가 공중으로 솟구치는 순간
날카로운 이빨이
왼쪽 가슴과 등을 한입에 물고 뒤흔든다

뜨거운 열과 고통이 붕 떠 천장에 닿는다
호흡이 멈춘 듯하다

박혀 있는 상어 이빨이 신경을 건드리자
아픔이 온몸으로 퍼져 나간다

한낮 땡볕에 달궈 하늘 오르면
내 등짝을 얼마나 쪼아될까

진흙밭에 찍힌 발자국이 굳어져
회상에 졸고 있다
내일은 소나기성 폭우가 온다고 한다.

장마 · 2

하늘 쪼개져 동이 물 쏟아붓고
구름 비낀 열기가
양철지붕에 통통 튀며 짖어댄다

따지 못한 물외는 팔뚝만큼 커져
노각이 되었다
바삐 산다 하여
뾰쪽한 수가 있는 것도 아니지만
허둥대지 않으면
무슨 일이 곧 일어날 것만 같다

비바람 치는 날
목 굵은 울음이 시름에 젖어 있다
누런 물이 흘러 가슴골 패이고
싸라기 바람이 얼굴 깎고
허리춤 조이는 굳게 다문 입술이
바람끝을 잡는다

햇귀가 뾰초롬히 고개 쳐들면
횃대를 내려온 장닭이 모이를 쫀다
저 붉은 벼슬이

장마 · 1

마당은 사방에 입 벌리고
물 받아먹느라 빼끔거린다
사날토록 젖고 또 젖어
이제 붉은 피 철철 흘린다

배고프던 시절
엄니가 모품 팔러간 뒤
새참 나올 때쯤 논둑으로 간다
실컷 먹어 숨을 더시기로 쉬면서도
수저는 꼭 잡고 있었지

남산만 한 배
쏟아지는 설사와 흙탕물이 엇비슷하다
훌쩍이다 통곡하다
이제 좀 자지려 질려나 하면
또 퍼붓고

다잡지 못한 마음은
지느러미 달고
출렁이는 바다로 향한다.

해수욕장 한켠에서

해변 따라 늘어선 배롱나무
붉은 꽃 짙어 해 달구는 여름
백사장 등허리 휘어져 소금꽃 피었다

모래톱에 반쯤 먹힌 폐선이 숨 거칠게 쉬고
농게는 벌건 집게발 들고 거들먹거리고
열기 한 그릇 쏟아붓는다

나무 그늘에 숨어 헐떡거림 달래려고
휘모리장단으로 부채 저어 보지만 어림 반푼 없다
모래 날려도 좋으니 바람 한 점 왔으면 원이 없것다
고쟁이 적삼 홀라당 벗고 물속으로 뛰어들고 싶다

모래밭 솥에 볶아대는지 톡톡 튀고
바닷물은 사르르 노랫소리로 손짓하지만
망설여지는 마음은 갈팡질팡
그 맘 아는지 모르는지
꽃잎 하나 스르르 무릎 위로 앉는다.

아따 무슨 면이면 어떠냐
콩물이 좋으면 고무국수도 맛있제
시원한 얼음 듬뿍 넣어
어서 가져오너라.

콩물국수

점심은 콩물 국수
초여름 된볕 말아 후루룩
콩물이 왜 이리 되다냐
빠지면 헤어나오지도 못하겠다
걸걸한 미소가 밥상 위를 건너다닌다

비탈밭 서래콩
바짓가랑이 휘지게 자라
도리깨에 매품 팔아
이리 뒹굴고 저리 뒹굴고
덕석 끝에 숨었다가
주인 놈 발끝이 덕석을 차는지라
가운데로 또르르 모인다

맛은 맷돌에 갈아야 제 맛이제
방앗간 기계에 갈면 맛이 난당가
콩 한 줌 집어넣고 손주 얼굴 한 번 보고
또 한 줌 집어넣고 무쇠솥 훔쳐본다
아야 힘들어 죽겠다 너가 갈아라

국수는 무엇으로 할까

내 땅이네 정 붙이며
푸른 들에 눈 뿌려 맑고 시원하다

태평양 건너온 지 일백여 년
기억은 가물거리지만
지평선 아득히 기적 소리 들리는 듯
귀 쫑긋 세우고 발돋움한다.

개망초

한적한 길섶
햇살 쏟아지는 묵정밭
가는 목 길게 빼고
하늘 한 걸음 다가서서
사연을 노래하면

속눈썹 같이 가는 꽃잎
가지런히 빙글 돌아
둘러싸고
도란도란 정겹게 망종이 지나간다

어쩌다 고향 떠나
머나먼 이국땅에
섧디 설운 이름으로
누명 쓰고 구박받고
천덕꾸러기 신세에도
인적 있는 곳으로 끼어들었다

누가 머라 하더라도
꿋꿋이 생글생글 입꼬리 올리며
대평원 누빌 때처럼

무더위

징그럽소
정말 징글징글하오

종일토록 찡그린 날씨
비까지 울어대니

등허리는 후줄근
성질머리 치받치니

술 한 잔에 화를 풀까
물속에나 빠져 볼까

열심히 일해서
더위를 잊어 볼까

조용히 눈을 감고
시심에나 잠겨 볼까

영명하신 신령님네
이 날씨 좀 데려가소.

싸만코붕어*

이걸 어디부터 먹을까
머리부터 먹을까
그럼 내장이 꼬리 쪽으로 밀리겠지
꼬리가 터질까
머리 쪽은 껍질이 두터워
잘 버틸 거야

붕어가 눈을 끔벅거린다
두 눈을 바퀴로 굴러가면 되겠다 싶지만 생각뿐
날고 싶지만 가슴지느러미가 너무 작아 엄두도
못 낸다

자비 없는 게 계속 베어먹는다
이제 입만 남았다
살려줘 대신 입을 꾹 다문다
입술 사이로 선혈이 비친다
마지막 자존심마저
맛으로 즐기는 잔인한 혀가 감아 간다.

* 싸만코붕어: 빙그레에서 생산한 붕어 모양의 아이
스크림 이름

오뉴월 햇살 피해
등나무 그늘에 쉬는 바람을 맛볼 수 있다

불꽃 튀기는 철판과
고막 찢는 기계 소리의
터전으로 가기 위한
눈꼽만 한 휴식이 그늘을 찾는다

이제서야 조잘거림이
이리 튀고 저리 튄다

가끔은 웃음꽃이
그늘 밖으로 나와
햇살에 통통 튄다

쥐오줌 같은 시간이 부르면
터벅터벅한 발길들이
커다란 입구 쪽으로 쓸려 간다.

식당에서

바람이 밀려온다
마르고 조여진 바람이
쓸리듯 들어온다

덜거덕거리는 소리
뿌걱거리는
두꺼비 울음소리

긴 군상들은 말없이
조금씩 조금씩 시간을 갉아먹으며
밀려가고 있다

자로 잰 듯
정해진 시간은 도끼날 세워
정오를 어기지게 찍고 있다

배고픔의 크기가 식판에 쌓여지고
여유인 듯
허겁지겁 설움을 집어넣는다

시간을 쪼개야

도대체
이 거리를
몇 번이나 왔다 갔다 해야
저 해를 누일 수 있을까

벌집 같은 해를
아파트 뒤편에 묻은 쾌감
맥주의 짜릿함이 몸속을 엄습해 온다.

나의 초여름

햇살은
구지뽕 가시

숲은 커다란 고무래로
열기 끌어당겨
시원한 바람으로 토해낸다

찌는 더위 인 바람이
토암산 석굴암까지
날개 달린 새처럼 팔 벌리자
여름이 훨훨 날아간다

목구멍이 포도청에 묶인 나는
동그란 금줄 안에
한숨을 땡볕에 널어놓는다

중천에 오르는 해는
신작로 네거리를 내려다보고
게으른 발걸음은
등짝에 땀을 부른다

마이다스의 손

한 번은 오르려 하였지만
너무 긴 시간이 포기를 꼬드겼고
이번만은 꼭 오르리라 출전 접수했다
삼백십일 번
번호표 받는 순간 머리가 휘청한다
오십여 미터 높이 오르는데
두 시간의 여정이 아득하다

오르고 싶어하는 마음은 무얼까
바글거리는 경쟁자들 틈에 멈출 수도
밀고 달릴 수도 없어
눈을 감는다

후회가 흐르고 흘러
저주는 사라지고
잘 풀리는 행운의 능력만 남았다고 꼬드긴다

따가운 햇살과 시원한 바다의 중간쯤에 솟아
기를 쓰고 오르려는 자를 향해 외친다

떠오르지 않은 횡재는
바다 위의 섬처럼 멀리 있다.

2
흘러가는 시간

표정이 없다

자세히 보면 어그러져 있다

씁쓸한 미소가 입속에 숨어 있다

소만

가랑비가 내린다
잎사귀 사이 사이로
떨어진 꽃잎 밟는다

봄날의 야들야들한 바람이
꽃들을 유혹하여
화려한 세상으로 꾸민다

비에 고개 떨군 봄아
서럽게 피었던 이팝꽃
바람에 쓸려 가고
굵게 달궈진 햇살에
개울물 그늘져 피래미 한가롭다

감나무 잎사귀 사이로
탱글거린 풋감 볼이 복스럽게 웃고
야실야실 씀바귀 점심 상에 오른다

보리 가스락 사나워져
누렇게 속살 들면
들판에 모내기 소리
바지가랑이 부비며 운다.

죽은다 하면서도
할 것 다하는 아줌마는
이까짓 날씨쯤 아랑곳 없다

창가에선
목구멍이 컬컬하다고 하니
옆지기도 따라 운다

잿빛은 문 앞까지 와 어스렁거리고
잔털 사이로 끼어든 모래 알갱이가
살갗을 근질인다

몸속에서 터져나온
신경질이
손톱을 세운다

바람이
서쪽에서 올 때쯤
기다림이 푸석한 시간을 만진다.

황사

사막의 모래폭풍이
화선지에 물감 번지듯
하늘을 색칠한다

뿌연 하늘은
산 덮고 강 누르고
내 시야를 가린다

몸 어디선가
곪은 덩어리가 터져 나와
생살로 스며든다

눈앞은 뿌옇게 되고
점령 당하는 곳마다
맵고 쓰리다

공항의 가로수가
겁에 질려
숨소리도 채 못 내고 있다

봄도 앓은 소리를 한다
폐부에서 가르렁거리는 소리가
스피커로 옮겨 깩깩거린다

목백합

얼마나 자라야
하늘까지 닿을 수 있을까
얼마나 봐야
하늘을 오를 수 있을까

별 달고픈 마음
별 날리고픈 심정
높이 더 높이

아래를 보면 현기증 나도록
손바닥 같은 잎
나래 벌려 훨훨 난다

오월 어느 날
꿈 영글어 봉오리 생기더니
하이얀
별 하나 달고 날고
별 둘 달고 날더니

무수한 별들이
한낮의 하늘 가리고
목 부러져라 쳐다보는
목멘 눈물
햇살에 반짝거린다.

모습이 통으로 그려져 있다
별 이상 없는데요
그 순간
아까운 돈과 안도감이
서로 교차한다.

몇 조각을 내야
답을 얻을 수 있을까

다시 쌓으면
평면이 입체가 될까

옆으로 누워
왼쪽 다리 접어 벌리세요
몸은 통속으로 들어가고
탐색은 다시 시작된다

낱낱이 파헤쳐진
속을 들여다보는 데는
시간이 걸린다
걱정스런 표정들이
차례를 기다리며
간호사 호출을 기다린다

조용히 열리는 문소리
모니터엔 적분으로 쌓인

MRY

등뼈 엉치뼈가 아픈데요
다리는 안 저려요
엑스레이 찍고
엠알와이 촬영해야 정확히 알 수 있는데
가격이 좀 비싸요

수학시간
미분
작게 나누고 또 나누고
적분
높이 모으고 또 모으고

무채를 썬다
가늘고 길게
아주 강판에 갈아 버릴까

고장난 카메라 돌아가는 소리
드르륵 드륵 드르륵 드륵
뼈 갈리는 소리
귀마개 뚫고 들어와
겁을 준다

햇귀 쫑긋 하늘 문 열면
소리 없이 하늘 내려 들에 서고
검불 틈 연둣빛 잡히는 듯하더니
푸른 융단 촘촘히 깔아
우수수 별이 쏟아진다

눈꼽보다 작아 쭈그려 앉아서 보면
보랏빛 꽃잎 석 장 사이로
하얀 혀 낼름 내밀고
앙증맞은 꽃수술이
또 작은 별을 낳고 있다

밤하늘에 별들이
한낮 흐드러지는 곳에
보랏빛 깨알처럼 박혀
지난밤 얘기하고 있다.

큰봄까치꽃

들녘 길섶에
무수한 별들이 내려와 있다
풀숲 우거져 포근한 곳에
보라빛인 듯 흰빛인 듯
반짝이는 별

별은 청초하여
늘 맑은 하늘에서 산다
하늘 흐려 인상 쓰거나 우글거리면
홀연히 떠나버린다

불빛 화려하여
시끌거리는 도회지에선
낯간지럽다고 줄행랑친다

어젯밤 이슬 내려 하늘 씻던 날
아득한 별빛까지
눈망울로 내려앉더니만
들릴 듯 말 듯
내 귀에 속삭이면
밤은 귀기울여 엿듣는다

튀밥

가슴 조인
탄생의 축포

기다리다 보타져
터진 탄성

재잘대는 사연들
소쿠리에 담아

매화 가지에 흩뿌려
동박새 날고

초승달 눈웃음
잔물져 온다.

섬은 바람이 불어
유리벽이 깨지는 태고적 전설 베고 누워
흐느낀다.

종일토록 말 한마디 없이
뇌 속에서만 주절거린다

독백은
잃어버린 이웃을 불러들이지만
유령처럼 스칠 뿐

대화는 섞이지 않고
제 갈 길 간다
가슴을 잃은 것일까

망망한 하늘은
맑고 푸르러 너무 멀다
보이지는 않지만
끝을 타고 가면
수평선에 닿아 해후하겠지

슬픔은
섬 골짜기 웅덩이 깊이
들어앉는다

섬

섬이 유리잔 속에 갇혀 있다
말간 유리벽 너머
섬이 있지만 너무 멀다

가끔은 가까이 올 때도 있지만
유리벽에 막혀
내 소리는 웅웅거릴 뿐

밖에는 봄 기운이 화사하여
유리벽에 그려지지만
그림자처럼 잡을 수 없다

입하 소만의 계절이면
꽃은 만발하겠지
유리벽에 그린 장미는
이내 부연 물 흔적으로 변해
바다로 내린다

꽃은 흘러가
분홍빛으로 바다를 물들이고
사랑을 나누겠지

해당화 얇은 입술 가시도 두려워 않고
땡마루 익을 때까지
여름이 타들어 간다

감잎 물들어 창공에 걸리고
소슬바람 창문 두드릴 때

망설이는 마음 끌어 안고
먼 여행 길 떠나자는 약속

시렁에 담아 두고
기껏 지는 노을 속에서
노 젓고 있다.

사랑할 수 있을까

산모롱이 돌아
탁 트인 바닷가에 서면

구겨진 주름 사이로
흐릿한 눈이 미소 지으며
노을 바라본다

하루의 생 다하려는 순간
긴 여운인 듯
골 붉게 하더니만
농익은 고래 등색은 짙어
물결에 어린다

겹쳐진 어깨에 기대인 잔잔함이
치맛자락 뿌려 흘린 듯
흰머리 붉게 물들어 나비 날면

석류 입 벌려
그 하얀 이가 곱다
길게 늘어진 해 그림자 위로

동어떼 재잘거리는 강어슬기 지나면

바람은 덤불 속에서 밀어 속삭이다
개비비 울음소리에 화들짝 놀아
휙 달아난다

삽살이 오래간만에 강둑 달리고
등 굽은 나그네는 벤치에 앉아
하릴없이 떨어지는 햇살
가슴에 주워 담고 있다.

강변 수채화

보드라움이 차가운 바람 속에 숨어
창문 두드리는 오후
생숭맹숭한 마음이 강가 나들이 조른다

뻥 뚫린 시야는 강 따라 달리고
길게 늘어선 낚싯꾼들은
초릿대 끝의 여유 낚고 있다

아직 여행 떠나지 못한 갈대꽃은
바람 탓하다 그래도 날 수 있다고
온몸 흔들어 활주로 오르려고 발버둥친다

강줄기와 동행하는 자전거 길에
드문드문 상큼함이
바람과 숲속을 번갈아 숨바꼭질하며 달린다

오르기를 체념한 듯
바다 향해 돛 올리는 강물은
머잖아 고래와 춤추게 될 운명인 줄 알까

별 내리는 발산

좁은 비탈길 따라
꼬막 같은 집들을 비켜 오르면

훤이 터져 하늘과 맞닿은 곳
밤이면 너무 맑아 시린 별이 운다

가슴 터진 하늘에 누워
별 하나 별 둘

어느새 밤하늘로 탑 쌓아 오르고
낭만은 은하수 멀리 퍼져 간다.

봄이 온갑다

맘이 근질근질하고 아무도 없는디
누가 밖으로 등 떠민 것 같다
하는 수 없이 회색 하늘을 본다
따스한 냄새가 배어 있는디
감나무는 시치미 뚝 떼고 늘럼*도 안 한다
복숭아 우듬지는 뾰초롬한 게
기척은 있다야
엊그제가 입춘이라더니
뭔가 소식이 있긴 있는가 본디
광대나물도 풀죽어 앉았더니만
이제 생기가 쪼깐 도는 것 같다
개울물은 뭐가 그리 신나는지
궁시렁 궁시렁 째글째글 흥얼거리고
꼴아비* 기러기는 아직도 들판에 남아 뭘 한다냐
가기 싫음 여기 들어앉아 아조 살아불든가
이제 전지도 하고 거웃*도 내야 될 텐디
아직도 찬바람이 더시기 올리게 하지만
맘속 저 안에서 파란 게 꿈틀거려 기분 살랑한당께
미루나무에서 까치가 운다
점괘가 귀인을 만난다더니
올해는 운수 필랑갑다.

   * 늘럼 : 놀람. 표정을 숨기다
  * 꼴아비 : 꼴찌   * 거웃 : 퇴비

몸속의 응어리는 녹아
차츰 퍼져 나간다

쓰리고 아프지만
따스한 맛이 있다

눈가 스치는 개운한 바람이 맑고
손끝에 닿은 간지럼이 솜털 같다

등 쪼는 햇살에
마음이 자꾸 들판 속으로 녹아든다.

봄아

창을 바라보면
햇살이 비스듬히 내린다

보리밭은 푸르고
밭고랑은 어둡다

처음인 것처럼
따스이 찾아오는 게 새롭다

창문 두드리는 햇살이
다가와 봄나들이 가잔다

편히 오는 햇살 타고
논둑길 따라가면

냉이풀이 반갑고
제비꽃은 반긴다

곁바람에 시달렸던 키 큰 가로수
고요 속에 연둣빛 눈 뜬다

이제 훌훌 털고
댓돌 위 계절에 구워진 신발 신고

영산강 물 따라 쉬이 쉬이
은하수 반짝이는 하늘가로 가야겠다

창 너머 봄

4월에 피는 벚꽃이
3월에 그것도 중순부터
피기 시작한다
먼 조화란가

보리밭은
푸른빛이 소북하다

방안 구둘장지고 있는 늙은이
앓은 신음 소리가 봄 나들이 나간다

서창 갈대는 생기 돋았나?
운천 벚꽃은 또 누굴 유혹하나?

농성동 벚꽃길 포장마차 밤구경은
역병이 가로막아 전도 펴 보지 못했겠지

상상은 산들바람에
자꾸 하늘 날아오른다

버드나무 가지에 앉은 봄볕이
그네를 타면

안부

잘 계신지요
서리로 화장한 배꽃
파르르 떨면서도 미소 잃지 않고
고고히 서 있습니다
갓밝이 찾아와 입맞춤하면
손톱달 반짝 손 흔들고
행여 오실까 동구 밖 바라봅니다
우듬지에 실려 오는 시린 바람이 날 세우면
벌 나비 노랫소리 끊겨
적막함 우지짖고
씨방 열지 못한 하얀 마음
검게 타들어 가는데
당신의 초연함은 놀마루 향하여 납니다
잡힐 듯 날아오르다 사라지면
그리움은 목이 부어 울고
기다림은 은하수에 다리 놓습니다
이 다리 건너 마실 돌아오듯
쉬이 오소서.

발끝이 근질근질거리고
막힌 공기가 창문 열자고
악을 쓴다

창밖의 눈은
내면을 적시는 꽃잎이다
그 꽃잎이 매화나무에 앉아
청초한 하늘을 노래하고 있다.

아무리 발버둥쳐도
보이지 않은 훈훈함
느끼지는 못하지만
무엇인가 등을 밀고 빛 뒤에 숨어
하얀 불꽃으로 굳어 버린
어름빛 찬란한 노래 소리는 흐느끼고

고구마 굽는 낭만의 수채화는
누가 말리지 않지만
이제 콤파스 접어야 하는 촉수가
서서히 길어난다

먼산의 눈은
빗끌리듯 쓸려 웅성거리지만
잿빛이 연두색으로 조화 부릴거란 걸
지레 짐작하고 있다

내면의 굳은 신경이 뽀삭거려
강가의 얼음을
녹이려 가자고 조른다

입춘

눈이 내린다
하얀 불나방이
가로등 불빛에 부딪혀
곡예사의 슬픈 가락 타고 돌고
손끝은
입김에 아려 싸락싸락 운다

목은
자라보다 더 깊게 집어넣고
더시기는
귀보다 더 높게 올리고
주둥이는
튀어나와 구시렁구시렁
내리는 눈 사이로 빠져 나간다

입춘이 맞기는 맞는 거여
유리창 너머 불빛이
어룽어룽 눈물 지어 보인다

눈이 울고 있다
가로등에 기대여 울고
나뭇가지 부둥켜안고 울고 있다

저벅거리는 소리
비 날림에 아스라이 묻어오면
커진 귓바퀴 표정에 생기 돈다.

정자

추적추적 비 맞으며
공원 한켠에 우두커니 서 있다

팔각모 눌러쓰고 돌 위에 발 올려
을씨년스런 비 피하고 있다

얼마만큼 젖어야 속이 풀릴까
처마 타고 떨어지는 눈물
퉁퉁 부어 앞이 부옇게 보이지만
속 시원히 풀리는 건 없다

왜 비 맞고 있는지
왜 우는지
이곳에 홀로 있는 게
그냥 슬프다

가끔 바람 불어 설익은 얘기들
난간에 걸쳐 앉지만
금세 버려진 신문지 조각처럼
파닥거리다 떨어진다

자욱이 짙어지는 선들
아무도 들을 수 없는
침묵이 눈 가리면
평온한 바다
숨결 잔잔해지고
날 찾는 빗소리
소르르 잠든다.

* 몽우: 자욱이 오는 가랑비

몽우

추적이는 소리도 없는데
엷은 자락은
버드나무에 걸쳐
시야를 희롱한다

약속은 안 했는데
누군가 올 것 같은
물안개 아른거림

누굴까
보일 듯 말 듯
회색 물내음 속에서
들리지 않는 소곤거림
여린 마음은 귀 세워 더듬거린다

사방은
고요하여 처연한데
아련히 들리는 듯
음표 없는 음악이
보이지 않은 빗줄기
오선지에 그려
노래한다

강물색 짙어 개구리 울고
설거지 소리
창 넘어 마실갈 때
노란 소국이 가만히 문 두드린다.

국화 자리가
하얀 구름으로 높아질수록
봄은 가까이 오고 있겠지

새벽녘 사립문을
쏙소리 바람이 여닫으며
어머니 깨우면

괴짝 같은 몸으로
짓누르는 가난을 털고
길 나선다

칼 가는 바람 소리 찢어질수록
땅 밑 꿈틀거림은
어쩔 수 없이 겨울을 밀어내는
기지개 소리

동살 업고 밥 먹는
직공들의 흐뭇한 웃음이
실내 가득찬다

어머니의 봄

화장실 뒤켠 공터에
소국이
꽃 핀 채 말라 있다

누런 줄기와 피다 만 꽃들이
영혼을 땅속에 묻어 두고
빈 강정으로 겨울나기 하고 있다

줄기 끝마다
눈꽃 피우다가
결국엔 덮여 눈 속에 잠긴다

마른 꽃대 밑엔
또 다른 생명이 잠자고 있다
새근거리며 자고 있는 자식들을
일터에서 온 어머니는
측은히 내려다보며 주먹을 꾹 쥔다

이 어려움만 지나면
좋은 날이 오겠지
밖엔 눈이 하늘을 덮으며 내리고 있다

1
강변 수채화

뻥 뚫린 시야는 강 따라 달리고

길게 늘어선 낚싯꾼들은

초릿대 끝의 여유 낚고 있다

** 강변 수채화

6 동삼동 단상

이상시인 /177

겸손은 힘들어 /178

고등어 /180

아말피 해안도로 /182

삼성궁 /184

고래 탐사 /186

이방인 /188

동삼동 단상 /190

완행 여객선 /192

파리 /194

어느 전공의 죽음 /196

퇴직한 지 보름째 /198

퇴출 /200

덧없다 /202

조정일 시집 **

5 창가에서

인간 /143

사색은 미완성 /144

양재기 인생 /146

인생은 다 그런 것이다 /148

찬양은 밤에 이루어진다 /150

삼식이 /152

수수께끼 /154

유리창의 거미 /156

명주고동 /159

보험 아줌마 /160

행숙이 /162

지하주차장에서 /164

창가에서 /166

패러독스 /168

팬티는 그렇게 떠났다 /170

팬티의 답가 /172

팬티 /174

** 강변 수채화

4 시심에 빠져

오늘도 멍한 하늘과 논다 /109

시심에 빠져 /110

어둠은 빛을 낳고 /112

그릴 수 없는 풍경 /114

외로움 · 1 /116

외로움 · 2 /118

어디로 갈까 /120

어디다 물어 보나 /122

섭지코지 /123

쇠소깍 /124

대보름 /126

달이 무섭다 /128

종이비행기 · 1 /130

종이비행기 · 2 /132

무등산 /134

시장 할머니의 마지막 출근 /136

어쩌다가 이 지경이 /138

조정일 시집 **

3 가을 하늘에 눕다

처서의 비탈면 /77

추몽 /78

가을비 /80

가을 하늘에 눕다 /82

가랑잎 /83

갈바람 유혹 /84

길상사 /86

단풍 /88

단풍구경 /90

바람·1 /92

바람·2 /94

바람·3 /96

바람은 /98

바람의 섬 /100

노을과 나 /102

감나무 과수원 /104

대봉 /105

단풍나무 숲에 별이 내리고 /106

** 강변 수채화

2 흘러가는 시간

마이다스의 손 /49

나의 초여름 /50

식당에서 /52

싸만코붕어 /54

무더위 /55

개망초 /56

콩물국수 /58

해수욕장 한켠에서 /60

장마 · 1 /61

장마 · 2 /62

통증 /64

천지연 폭포 /66

소낙비 /67

비 /68

애기달맞이꽃 /70

흘러가는 시간 /72

낮달맞이꽃 /74

조정일 시집 **

시인의 말 / 2

/ 강변 수채화

어머니의 봄 /13

몽우 /16

정자 /18

입춘 /20

안부 /23

창 너머 봄 /24

봄아 /26

봄이 온갑다 /28

별 내리는 발산 /29

강변 수채화 /30

사랑할 수 있을까 /32

섬 /34

튀밥 /37

큰봄까치꽃 /38

MRY /40

목백합 /43

황사 /44

소만 /46

빠른 걸음이 물건에 쌓이는 활기찬 모습을 뒤로하면 식당의 그릇 부딪치는 소리 밥 김 빼는 소리 음식 튀기고 볶고 지지고 끓은 소리 정신없는 것 같지만 기계 돌아가듯 척척 진행되고 왁자지껄 사람들이 모여든다.

　이 모든 것들이 순간 포착되고 마음에 닿으면 사색의 날개를 달고 훨훨 난다.
　그래서 시를 쓰면 행복하다.

　출간을 위해 애쓰신 현대문예 황하택 이사장님, 박덕은 교수님, 김정희 실장님, 고명순 선생님에게 감사드립니다.

　비행기가 활주로를 떠나 하늘로 날아오릅니다.
　나도 같이 떠나갑니다.

공항이 보이는 창가에서
조 정 일

시인의 말

새벽 4시 50분이 되면 자명종이 울리고 나는 기계처럼 벌떡 일어난다.
아니 종이 울리기 전 이미 깨어 있다.

이런 지가 십수 년
오늘도 새벽 시장에 간다.
칙칙한 어둠 속을 가르다 보면 어느새 희미 그래 한 동녘이 맑게 웃는다.
운 좋을 때는 아파트 벽 사이에 새벽달이 야릇한 표정으로 손짓한다.
진짜 운이 더 좋으면 저녁노을보다 더 붉고 맑은 새벽노을이 동녘 하늘 가득 진을 친다.
이런 때는 가슴이 꽉 차올라 호흡이 멈추는 듯하다.
시장 사람들의 번득이는 눈들이 경매 판에 튀고

강변 수채화

| 조정일 제3시집 |

현대문예 작가선 · 176